《中国速度·中国梦——轨道上的世界

轨道上的那些记忆

《轨道上的那些记忆》编写组◎编

西南交通大學出版社
·成都·

图书在版编目（CIP）数据

轨道上的那些记忆 /《轨道上的那些记忆》编写组编. —成都：西南交通大学出版社，2015.3（2018.6 重印）
（中国速度·中国梦：轨道上的世界）
ISBN 978-7-5643-3614-1

Ⅰ. ①轨… Ⅱ. ①轨… Ⅲ. ①轨道交通－交通运输史－研究－中国 Ⅳ. ①F512.9

中国版本图书馆 CIP 数据核字（2014）第 297474 号

中国速度·中国梦——轨道上的世界

轨道上的那些记忆

《轨道上的那些记忆》编写组　编

责任编辑　杨　勇
封面设计　严春艳
出版发行　西南交通大学出版社（四川省成都市二环路北一段 111 号 西南交通大学创新大厦 21 楼）
发行部电话　028-87600564　028-87600533
邮政编码　610031
网　　址　http://www.xnjdcbs.com
印　　刷　四川玖艺呈现印刷有限公司
成品尺寸　170 mm × 235 mm
印　　张　7.25
字　　数　71 千字
版　　次　2015 年 3 月第 1 版
印　　次　2018 年 6 月第 2 次
书　　号　ISBN 978-7-5643-3614-1
定　　价　29.80 元

图书如有印装质量问题　本社负责退换

版权所有　盗版必究　举报电话：028-87600562

小的时候对火车始终有一种神秘感，只要到放假的时候总爱跑到铁路旁去看火车，一呆就是几个小时。看着火车驶向远方，那种对远方未知世界的向往与那种神秘，那种憧憬着有朝一日也能坐上火车去探寻远方美景的企盼，那种关于火车的许许多多的未知问题总会在脑海里浮现，诸如：火车有没有方向盘，火车是怎么调头的，火车上的电是怎么来的，等等。

记得第一次坐火车，那种新鲜感和神秘感自不待言。从头天晚上就激动得不能入睡，等第二天上了火车，看着车窗外的田野和树木在飞快地往后走，远处的山川、河流与蓝天白云交相辉映，那种心情是无法用一两个词来形容的。

前言 PREFACE

长大以后，火车坐得多了，也学习了一些有关火车和铁路的知识，才知道一个铁路运输系统包括很多元素，它们之间是相辅相成的，如果没有合适的系统，火车将无法顺利地运行。如客运、货运、火车的供电系统、信号系统、通信系统，以及编组站、区段站、中间站、客运站货场、调度，等等。

铁路是“工业革命”的产物，是蒸汽机应用于运输的结果，是社会经济、技术不断发展的必然。19 世纪，工业革命的发展推动交通运输业的革命和发展，蒸汽机的出现及应用为铁路运输以蒸汽机车为动力奠定了基础。铁路运输的高速度、大运量吸引着不少工业发达的资本主义国家兴建铁路。英国首先于 1825 年建成世界上第一条公用铁路——斯托克顿至达林顿铁路。继英国之后，美国、法国、比利时、加拿大、德国、意大利等国也相继修建了铁路。亚洲诸国因工业比较落后，修建得晚了一些，其中日本在前，印度次之，中国在后。中国自办铁路，比世界上最早建成的一批铁路晚了大约半个世纪。百余年来，中国的铁路事业经历了新旧两个根本性质不同的社会。无论从政治上还是从经济上，这都决定了它在其发展历程中必然会遭遇到两种迥然不同的命运和前途。新中国铁路事业蓬勃发展的 60 年，是自强不息、坚忍不拔、披荆斩棘、前赴后继的 60 年。20 世纪 70 年代末和 80 年代初，中国铁路进入改革开放新时期，尤其是现在，中国的铁路事业推陈出新，突飞猛进，铁路的发展也带动了国民经济的发展。在人们生活水平日益提高的今天，追求生活的多样化和提高生活质量已经成为每个家庭的需求，因此，衣食

住行在当今比任何时候都尤为重要。而衣食住行中的“行”更成为人们关注的焦点。如今，铁路这一交通工具已经成为人们日常工作生活中出行，尤其是长途出行的首选出行方式。

面对这样一种为大家青睐的交通工具，关于它的历史、它的趣闻和它的那些事儿，以及未来的铁路将会是什么样的，这些你知道多少呢？如果在长时间的旅途中，或是将要踏上旅程，能够有时间翻翻这套书，或许会给你的旅途增添一些有意思的话题和乐趣。

本套书的第一、第二册由乔真真汇编，第三、第四册由朱正安汇编。在汇编过程中编写组得到了西南交通大学铁道工程专业蔡世昱、电气工程专业葛艳华、交通运输专业李薇和机车车辆专业王伟等研究生的大力支持，他们提供了大量的资料。西南交通大学交通运输与物流学院教授杜文先生为本套书做了审核并提出了许多宝贵的建议。西南交通大学教授顾炎先生，在本套书成稿过程中就书稿整体结构、体例和一些专业问题提出了重要的意见。在此一并致谢。本套书涉及面广，所引图片丰富，限于时间人力，不能一一注明，在此对书中所引图片的作者诸君谨表谢忱。本套书不是铁路百科全书，只是一套常识性的通俗读物，因此在选材上难免挂一漏万，不足之处在所难免，诚请读者在阅读过程中予以检视、雅正。希望我们汇编的这套书能对你有些许用处，能伴随你踏上愉快而睿智的旅途，能成为你茶余饭后随手拈来的甜点。

木书编写组

2014 年 6 月

BMT
105

目录 CONTENTS

目录 CONTENTS

铁路的祖先不姓铁

铁路发展史证实，铁路起源于矿山，它的祖先并不是铁制的，所以开始并不姓“铁”，而姓“石”。这得从意大利的庞贝古城说起。公元 79 年 8 月，距庞贝 10 km 的维苏威火山爆发，庞贝全城被火山灰埋没。考古学家在发掘时注意到，庞贝古城的街道上砌有两排平行的石道，其距离是当时战车的轮距：4 英尺 8 英寸半（1 英尺 = 1 ft ≈ 0.3 m，1 英寸 = 1 in = 2.54 cm），合 1 435 mm。看来是专为方便战车行驶而铺设的。庞贝古城的石道使人们联想起 16 世纪德国哈兹矿山也铺有两行专运矿石的“石路”，距离恰好也是 1 435 mm。这难道是纯粹的巧合，也许我们可以这样推理，罗马帝国多年征战，其战车被德国人仿造成矿车完全有可能。人们普遍认为，德国哈兹矿山铺的石路可能是世界上最原始的轨道，不过“石路”虽然结实，但搬运铺设都不方便，也不能重复使用。

到了 1550 年，在法国和德国边界附近的勒伯德尔地区，矿山的马拉矿车开始使用木制轨道。1605 年，英格兰的煤矿也采用了木轨，石路已经演变为“木路”。为了防止木轨磨损太快，又在上面钉了铁皮，但蒙着铁皮的木轨还是解决不了磨损太快的问题。

17 世纪，英国生铁价格下跌，有人为了把铁储存起来待价格上涨后售出，就把铁铸成 5 ft 长，4 ft 宽，1 in 多厚的长方形板块，打孔固定在木轨上存放。谁知这种在木轨上铺铁板块的新型轨道竟然大受欢迎，很快得到推广，于是就产生了“铁路”或“铁道”的叫法。

板式铁路虽然耐磨，但要保证马车的车轮不脱轨却很难。后来，人们又加以改进，把它制成角铁形。角铁的一个竖起的边可以挡住车轮，防止脱轨。但是平铺的角铁型轨道强度不够，很容易被煤屑

铁路起源于矿山

泥土掩埋。1789年出现了立式轨，强度有所提高，也不容易被掩埋。立式轨去掉了竖边，而在车轮的外侧加轮缘，同样可以达到防止脱轨的目的。这样无论制造、铺设和清理都要方便得多。1788年，一个叫威廉·杰索的人把车轮凸起的外缘改为内缘。理由是：“轮缘在外侧时，车轮必须采用强劲的紧固件保持其位置，如果改在内侧，铁轨本身就可以保持车轮的位置。”道理很简单，但更加科学。随着科学的发展和人们对力学的认识，立式轨从腰鼓形逐渐演变为工字型，铁轨终于确立了自己的形象。

现在的铁轨已经被具备更高稳定性和耐磨性的钢轨所取代，随着重载列车和高速列车的出现，对钢轨的质量要求越来越高。我国钢轨三大产家之一的攀钢已经由生产普通碳素钢轨发展到高碳微钒合金钢轨，由普通时速钢轨发展到时速200 km的高速钢轨，这使中国进入代表世界钢轨生产最高水平的高速钢轨领域，成为全球第六个能够生产高速钢轨的国家。■

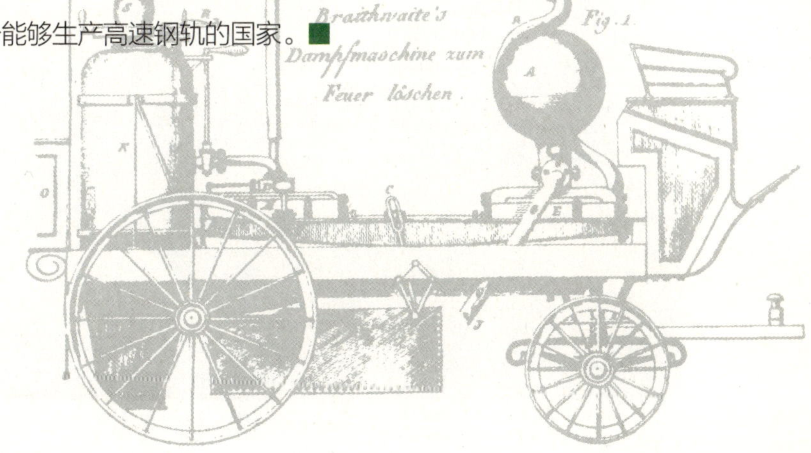

世界上第一条铁路——斯托克顿—达林顿铁路（1822–1825）

世界上第一条铁路是英国在 1825 年修建的斯托克顿—达林顿铁路。斯托克顿和达林顿相距约 21 km，由于地处产煤地区，资本家早就拟定了修建铁路的计划，但是遭到封建贵族的阻挠和反对。然而，历史的车轮是不断前进的，新生产力的发展迫使贵族们不得不让步。经过几次波折之后，终于批准了这条铁路的修建。

1822 年 5 月 23 日在斯托克顿开工，用了 3 年多的时间修建成

世界上第一条铁路——斯托克顿—达林顿铁路（1822–1825）

功。线路的设备和当今现代化铁路当然无法比拟。铁轨是鱼肚形的熟铁轨，机车只有 2 台，大小不及现代普通机车的 1/20，有一对直立的汽缸和一对直径 48 in 的动轮，后加一个煤水车，总质量只有 9 t，行速每小时 8 英里（约合 13 km，1 英里 = 1 mi ≈ 1.61 km）。

1825 年 9 月 27 日这一天，世界上第一条铁路正式通车营业，并举行盛况空前的表演。开业典礼在通往达林顿的煤矿运输线的息来敦站举行，检阅式由 5 列列车组成。第一列由蒸汽机车“旅行号”牵引，后挂煤水车，32 辆货车和 1 辆客车。客车编挂在列车中间，专供铁路公司的官员乘坐。另有 20 辆代用客车，是在货车内加上座位供一般旅客乘用，其他车厢满载着煤和面粉，总质量达 90 t，乘坐旅客达 450 人。

其余 4 列车均由 1 匹马拖 6 辆货车。第一列机车由设计者斯蒂芬森亲自操纵。上午 9 点，列车在奏乐声和欢呼声中从息来敦站出发，铁路两旁人山人海，许多小伙子和孩子跟着火车奔跑，也有人骑马沿路相随。途中曾发生过脱轨，经修复后继续前进。机车平均速度每小时为 13 km，机车最高时速达到 20 ~ 24 km。到达林顿支线后，机车补水，并将一部分到达货物甩掉后，继续向斯托克顿方向行驶。下午 3 点 47 分到达目的地，5 点在斯托克顿礼堂举行了宴会，庆祝这次开业检阅的成功。斯托克顿—达林顿铁路是世界上正式办理客货运营业的第一条铁路。因此，人们把 1825 年作为世界上第一条铁路诞生的年代。这趟列车的开行，

成了当时一件哄动的大事，从而引起了运输生产力划时代的重大改革。■

蒸汽机车的先驱者——理查德·特雷维西克（1771–1833）

理查德·特雷维西克（1771—1833）

铁路作为陆地最主要的交通工具之一，最早起源于英国。在铁路初创时期，蒸汽机车作为唯一的牵引动力更是铁路发展的关键之所在。蒸汽机是 17 世纪末 18 世纪初起源于英国的一种动力机械，对于谁是蒸汽机最初的发明者，学界争论纷纷，不过有一点可以肯定的是，当时的蒸汽机不仅异常笨重，而且效率十分地低，仅有的用途就是为煤矿的矿井排水。虽然当时有工匠不断对其进行各种改进，但作为一种新的动力源来说，蒸汽机还远未能胜任。

1765 年，著名的发明家瓦特对蒸汽机进行了重大改进，改进后的蒸汽机效率大大提高，不仅耗煤减少，而且体积也缩小了许多。就是这种瓦特改进的蒸汽机的推广，直接催生了18世纪的工业革命。当瓦特蒸汽机越来越被广泛使用之后，便有人开始设想用这种新型的动力取代人力、畜力、自然力来作为旅行的动力。一个叫理查德·特雷维西克的发明家就是将蒸汽机作为陆地轨道交通新动力的最初践行者。

1797年，26岁的英国青年特雷维西克开发的高压蒸汽机点火运转成功，为铁路蒸汽机车的出现作了技术上的铺垫。1804年2月，特雷维西克便制造出了世界上第一台能够在铁轨上奔跑的蒸汽机车，这台蒸汽机车被命名为“Pen-y-Darren”，它拥有一个垂直的气缸、8 ft调速轮和长的活塞连杆。在首次试车时，它顺利地牵引着5节货车，运载了10 t钢铁、70名乘客跑完了从钢铁厂到运河岸边这段9 mi（14.5 km）的路程，期间机车最高时速曾接近5 mi/h（8 km/h）。遗憾的是，Pen-y-Darren虽然在试运行中表现优异，但后来的几次试验却频频出现出轨、翻车等事故。

屡遭挫折的特雷维西克回到了故乡康沃尔郡，经过数年的闭门研究，终于在1808年又设计制造出了一台全新的蒸汽机车，并取名“谁能赶上我（Catch Me Who Can）”。这一次，特雷维西克在伦敦市郊的尤斯顿（Euston）广场修建了一条环形铁路。在当年的七八月间，人们可以花一先令的票价乘坐这种火车进行一次体验旅行。据当时的报纸记载，这种火车的最高速度曾达到 12 mi/h（19 km/h）。不过轨道问题依旧是个麻烦，很多时候火车不得不因为轨道修理而停运。

其实，从现在的眼光来看，特雷维西克的失败恰恰并非在于机车本身，而是因为早期木制或铁制轨道无法承受新型蒸汽机车的重力，且当时枕木、道砟等技术也很不完备。最终，轨道问题成为制约特雷维西克新发明应用的“短板”，这位勤奋的发明家的所有试验几乎都以失败而告终。

离世后近百年，特雷维西克的功绩才逐渐被社会所承认。1933 年，著名的工程师组织英国土木工程师学会为特雷维西克逝世 100 周年举办了一场纪念讲座，在开幕式中，查尔斯 · 英格利斯教授评价特雷维西克“在 1799 和 1808 之间的短暂时期，他（特雷维西克）完全改变了蒸汽机的性质，使蒸汽机从笨重的巨人变成了提供推动社会发展原动力的机械”。■

蒸汽机车之父——乔治·斯蒂芬森（1781–1848）

乔治·斯蒂芬森（1781—1848）是英国最著名的铁路工程师，被公认为“蒸汽机车之父”。他 8 岁就开始在煤矿当童工，17 岁开始独立操作矿井里的蒸汽抽水机，但是他直到 18 岁还是个文盲，19 岁时才开始上夜校，学会写自己的名字。不过斯蒂芬森对机械有着巨大的兴趣，他经常把自己管理的机器拆成零件后再组装起来，以熟悉机械结构。

怎样使蒸汽机带动车辆飞驰是很多人思考的问题。蒸汽机车的先驱者特雷维西克比斯蒂芬森大 10 岁，但他的蒸汽机车并没有成为实用的发明。而斯蒂芬森经过反复实践，在 1814 年研制出一台蒸汽机车，能以每小时 6 km 的速度牵引 8 辆装有 30 t 煤的火车。他并不以此为满足，继续研究了采用多烟管道加热办法，并用废汽导引向上，喷出烟囱，加强通风，提高机车功率，使新设计的蒸汽机车进入实用阶段。1825 年 9 月 27 日第一列由斯蒂芬森设计的蒸汽机车牵引列车运载 450 名旅客，以每小时 24 km 的速度从达林顿驶到斯托克顿，这被公认为铁路运输业诞生的标志。此后他又负责修建从利物浦到曼彻斯特总长 64 km 的世界第一条定时蒸汽客货列车铁路干线。1829 年，在为挑选最好的机车而进行的机车大赛上，他和他儿子共同设计的新机车“火箭号”一举夺魁，使他获得了利物浦—曼彻斯特铁路的全部订货，从而奠定了他在铁路发展史上应有的位置。

此后，铁路建设在英国、欧洲大陆和北美洲迅速展开，而斯蒂芬森继续作为这种革命性的运输工具的主要指导者，解决许多铁路建筑、桥梁设计、机车和车辆制造问题，为世界铁路的发展做出了开拓性的贡献。■

乔治·斯蒂芬森（1781—1848）

最早的餐车与卧铺

车内小憩

餐车是火车上独有的车厢，而世界上最早具有自带餐车的火车，是 1863 年在美国费城经由威尔明顿至巴尔的摩铁路行驶的火车。这种火车是在当中留出两个车厢：一辆是抽烟车，有座位；另一辆是餐车，餐车上所有的食品，是在始发站做好的，并把食品放在蒸汽盆中。餐车中没有座位，旅客或者站着吃，或都挤到抽烟车厢内坐着吃。后来，到了 1869 年，在火车上终于能吃到丰盛的大餐了，有多种面包、冷菜、热菜、肉类、蛋类、蔬菜与水果，一应俱全，当然也有了餐桌和服务员，人们可以在享受美食的同时，乘着飞快的列车，饱览大好风景。

卧铺是 1836 年在美国最早出现的，钱伯斯堡号列车是世界上最早带有卧铺的火车。这种火车把车厢分成 4 个部分，每一部分设有 3 张卧铺，因未备有寝具，乘客只得盖自己的围巾之类，并穿着鞋睡。

而最早在车厢中设有中间通道、横列车座的，是美国的罗斯·威南斯先生。从 1838 年起，它在美国的巴尔的摩至俄亥俄铁路上开始使用。这种有两排座席的车辆，两侧都有车门，所以从车的哪里都能下来。火车与其他车辆不同的地方，还在于有走廊，连接各个车厢。1853 年美国哈德逊至利巴铁路上，最早出现了带有走廊的客车，车厢长度为 13.5 m，分为 5 个包厢和 1 个厕所，带有 46 cm 宽的走廊。■

餐车上的美容院

最早提出修建铁路的中国人——洪仁玕（1822–1864）

铁路是近代先进的交通工具，修建铁路是洋务运动的重要内容。其实，最早提出在中国修建铁路的中国人不是洋务派，是太平天国的干王洪仁玕（1822–1864），他在1859年写的《资政新篇》中，就提出在中国修建铁路，天王洪秀全同意他的主张，但不久太平天国败亡，洪仁玕建议付诸东流。比洪仁玕早一年，即1858年，英国驻印度退伍大尉斯普莱（Richard Sprye）写信给英国政府，建议修筑一条从缅甸的仰光通过中国的西南边陲重镇思茅到昆明的铁路，以应付“将来的竞争”，他还写了一本《英国与中国铁路》的书，争取政府对他建议的支持。以后英、法、美等国使节以及中国海关总税务司英国人赫德等都向清政府建议过修筑铁路，但均被清政府拒绝。■

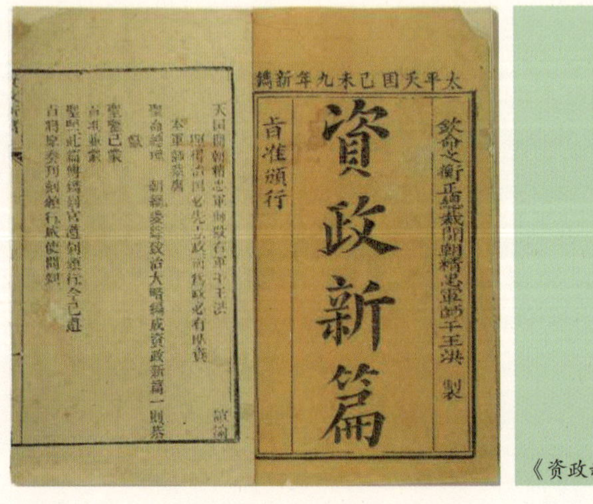
太平天国己未九年新鐫
欽命文衡正總裁開朝精忠軍師干王洪 製
資政新篇
旨准頒行

《资政新篇》

短命的“广告铁路”（1865）

1865 的 8 月的一天，北京郊外的居民惊奇地发现一个他们从来没有见过的事物——火车。那一年，英国商人杜兰德（Trent）在北京宣武门外修建了一条 0.5 km 的展览铁路，目的是向中国人展示铁路的作用，或者说西方技术的威力，以便将铁路卖给中国人。然而，面对着轰隆作响、迅疾如飞、浓烟滚滚的小火车，北京民众不仅没有趋之若鹜，反而心惊胆战，将其“诧为妖物”，此事闹得不可开交，终于惊动了朝廷，为了避免更多的是非，铁路被下令拆除，“群疑始息”，中国近代第一条铁路就这么消失了。■

中国近代第一条正式运营的铁路——吴淞铁路（1876）

距离短命的“广告铁路”仅仅 11 年，第二条铁路又出现在中国的大地上。1876 年，英国怡和洋行修建了从上海苏州河经江湾到吴淞镇的吴淞铁路，约 15 km。同样的，这条铁路引起当地的轰动反应，观之者络绎不绝，许多人还乘上了火车，见证了铁路的速度和机器的力量，这些都是车马时代不可以想象的奇妙体验。铁路于 1876 年 6 月 30 日正式开通运营，仅在 1876 年 12 月到

吴淞铁路，观者络绎不绝

1877 年 8 月间不到 9 个月的时间内，就运送了旅客 16 万人次。但是，当时这条铁路的修建采用欺骗手段，是以修筑“马路”之名而擅自修建的，涉及主权问题，本来清政府就反对修建，加之后来火车在行车途中又压死一人，清政府趁此出银 28.5 万两，买下铁路并拆毁，将其运至台湾打狗港（今高雄港）准备在台湾重建铁路。可惜的是，台湾铁路因种种原因迟迟未能开工，这些铁路部件面对着浩瀚太平洋的风雨，被日晒雨淋，被海水冲刷，不久就锈蚀报废了。吴淞铁路是中国近代第一条正式运营的铁路，它的兴废成为中外铁路史上著名的事件。■

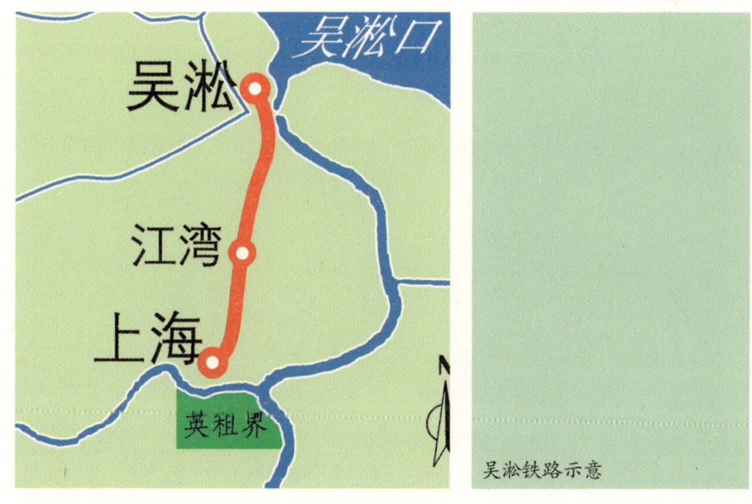

吴淞铁路示意

中国铁路第一次正式行驶的蒸汽机车——先导号（1874）

有谁会想到，在中国铁路上第一次正式行驶的蒸汽机车竟是一台英国人从国外偷运来的小机车。它的名字叫“先导号”，是1874年英国Romdomgong工厂为吴淞铁路制造的。它的体积小，质量仅为1.32 t，有2根动轮轴，车轴排列为0-2-0式，时速24～32 km，6名成年人就可以把机车抬动。这台由英方骗过海关偷运来的小机车，在吴淞铁路修建到3/4里程时曾被用来运输施工材料，并在施工中发挥了作用。尽管“先导号”所服务的吴淞铁路是英人以不光彩的欺骗手段修筑的，但是它依然为蒸汽机车在中国铁路的第一次正式亮相立下功劳，让国人对蒸汽机所代表的近代工业的力量有了直观的了解。■

运行在吴淞铁路上的“先导号”蒸汽机车

“鞲鞴”的来历（1876）

你知道“鞲鞴”（读作 gōu bèi）吗？这两字各 19 画，在汉字中不是笔画最多也是很多的了，很难写。但是很多老铁路人都知道这两个字，尤其是跟蒸汽机车打过交道的人。实际上，“鞲鞴”指的就是蒸汽机中的活塞，具体来讲，就是蒸汽机、内燃机的气缸里往复运动的机件，作用是把蒸气或燃料爆发的压力变成机械能。

为什么不直接叫活塞，而用这么复杂的“鞲鞴”呢？着实有点奇怪。因为在汉语中，鞲是鞲，鞴是鞴，从来没有组成“鞲鞴”一词。《康熙字典》中“鞲”的解释是“射鞲，臂捍也”。也就是射箭时用来束衣袖的臂套，多用皮革制成。而“鞴”有两种含义，一是把鞍辔等套在马身上，二是古代的鼓风吹火器。“鞴”字的另一个引申义是“水受压而喷涌奔流”。这两个字可以说是风马

鞲鞴

鞲鞴在蒸汽机车汽机中的位置

牛不相及，是谁把它们放在一起的呢？

最先使用“鞲鞴”一词的人叫徐寿，他是我国近代化学家、兵工学家、翻译家、教育家，曾主持研制中国第一艘以蒸汽为动力的轮船“黄鹄”号，并首创以罗马字母名称的主要音节加元素属性的汉字偏旁的化学元素命名原则，他还翻译了《化学鉴原》《汽机发轫》等著作。

1876 年，徐寿撰文《汽机命名说》，详细介绍了蒸汽机主要部件的译名，就英文“Piston”一词，他这样写道：“汽筒之内为汽所冲激而进退者，名曰鞲鞴。”为什么徐寿会采用“鞲”“鞴”这两个毫不相干的字呢？大概鞲和鞴都是皮革制成的，所以古文中有时把“鞲”写作“鞴”，有时把“鞴”写作“鞲”。徐寿之所以创造“鞲鞴”一词，用的就是它们“水受压而喷涌奔流”和“鼓风吹火”的含义，同时也严格遵守江南制造局翻译馆在翻译科技术语时首先要核查汉语中是否已有相应词汇的原则，可见徐寿翻译术语时的良苦用心。

“鞲鞴”作为“Piston”的译名，很快为当时的翻译界、工程技术界以及基层技术工人所接受，并在许多领域持续应用了大半个世纪，在铁路领域的应用时间更长。这个词在《现代汉语词典》中只有一个独一无二的解释，就是蒸汽机中的活塞。而且只有在铁路文献说到蒸汽机车时才使用。随着蒸汽机车退出历史舞台，1978 年以后，正式出版的铁路工程词典和综合性机械工程词典中基本不再用“鞲鞴”作为“Piston”的译名。直到 1996 年，全国科学技术名词审定委员会公布了《铁道科技名词》，才明确废止铁路传统所用的“鞲鞴”一词，而和其他机械工程领域共同使用“活塞”译名。■

李鸿章与中国自建的第一条铁路——唐胥铁路（1880–1881）

作为西方工业革命的重要成果之一，铁路在没有航空的时代，承担了陆地远距离旅行和运输的主要职能。因此，有没有铁路，有多长的铁路，标志着一个国家的经济发展水平和技术能力。如果说之前的“广告小铁路”和英人用欺诈手段建成的吴淞铁路是外国人为了在中国谋取更多利益的产物，那么，面对列强环伺的晚清颓势，越来越多的中国人逐渐意识到铁路对于建立国家现代工业的重要性。

李鸿章是清朝高级官僚中主动提出修铁路的第一人。1872 年 10 月，李鸿章在给亲信、洋务派官员丁日昌的信中，就明确提出要在中国修筑铁路。1874 年，日本侵犯台湾，更加使李鸿章认识到，加强海防不仅要建立近代水师，而且要修铁路。这年 12 月，他以

唐胥铁路

直隶总督兼北洋大臣的身份向清廷上了著名的《筹议海防折》，提出了加强国防，加快改革与建设的许多建议，其中就有修筑铁路的主张。这是清政府重臣中第一份要求修筑铁路的有份量的奏折。

然而，让李鸿章无奈的是，中国守旧势力过于强大，甚至列出修筑铁路的“三大弊”“九不利”“五害”，归纳起来就是“资敌”“扰民”“争利”以及败坏社会风气与官民道德，等等，指责李鸿章、刘铭传等“直欲破坏列祖列宗之成法以乱天下”。就连当时的洋务重臣文祥、恭亲王奕䜣这样较为开明的中枢权臣，都对修筑铁路这一新生事物感到无能为力。

然而，李鸿章并没有放弃中国自办铁路的努力。1878 年，为了解决北洋海军、天津机器局和轮船招商局的用煤问题，李鸿章命唐廷枢在直隶（今河北）省成立开平矿务局（开滦煤矿的前身）机器采煤。1881 年开平矿务局正式投产。为将堆积如山的原煤运输出去，在李鸿章的一再坚持下，视代表现代工业文明的蒸汽机车为异类的清政府不得不同意修筑唐山至胥各庄的铁路，并聘请开平矿务局的英籍工程师金达（C.W.Kinder）为总工程师。1880 年秋冬，唐胥铁路动工。

厄运很快降临在这条只有 9.2 km 长的铁路上。清朝统治者中的顽固派以清朝皇室的东陵距离唐山不远，火车运行会“震动山陵”，不准机车运行，李鸿章不得已再次上奏清政府，以退为进，提出不行机车，提出以骡马拖载货车，以避免机车行驶隆隆之声破坏地脉，

唐胥铁路延伸修建到天津，李鸿章等人视察线路时在唐山车站的合影

才得清政府首肯。1881 年 12 月，9.2 km 长的唐胥铁路全线铺轨通车。并开始以骡马牵引运煤车辆，此举运量既少，速度又慢，时人笑称“马车铁路”。唐胥铁路采用标准轨距 1 435 mm，以后修建的我国铁路大都采用了这样的轨距。唐胥铁路是中国人自办并正式试运营的第一条铁路，有着重要的历史意义。1886 年，在李鸿章的主持下，设立中国第一家铁路公司——开平铁路公司，把唐

胥铁路从开平矿务局手里收买过来，独立经营铁路。在这个公司支持下，唐胥铁路于 1887 年展修至芦台，被称为开平铁路。1891 年，李鸿章在山海关设立北洋官铁路局，是为清政府最早设立的官办铁路机构，是中国第一个官办铁路机构。

1886—1895 年，李鸿章先后主持、督办、倡导修筑了唐芦铁路、津沽铁路、唐津铁路、关内外铁路、津芦铁路等。在中国铁路早期发展史上，李鸿章实为一位积极倡导修筑铁路的重要人物。■

“龙号”机车的诞生（1881）

在唐胥铁路上，曾经奔跑着中国工人试制的第一台铁路机车——“龙号”。1881 年 12 月，唐胥铁路通车后，开始还是以骡马牵引运煤车辆，“马车铁路”的称号就是由此而来。然而随着开平煤矿的全面投产，骡马牵引造成原煤积压。

于是，由开平矿务局英国工程师金达设计，中国工人利用现场的旧材料，试制成中国第一台铁路机车。唐胥铁路总工程师英国人巴勒脱的夫人将其命名为“中国火箭号”，以自比 50 多年前英国人乔治·斯蒂芬森（George Stephenson）制造的世界上第一台

“龙号”机车

著名的“火箭号”机车。该机车设计较规范，制作也比较精细，机身全长 5.69 m，有 3 对动轮而没有导轮和从轮。牵引能力为 100 t，时速 30 km。

参加机车组装的中国工人在机车两侧各刻上了一条龙，就把这台机车叫作“龙号”。这台机车牵引着 100 多吨的运煤列车，疾驶在唐胥铁路上。此事风声四播，“行车未久，都中言官复连奏弹劾，谓机车直驶，震动东陵，且喷出黑烟，有伤禾稼。奉旨查办，旋被勒令禁驶”。当时已值中法战争前夜，兵工厂、军舰、轮船急需用煤。李鸿章陈明利害，指出东陵距唐山尚有 200 华里之遥，不会为火车震及。鉴于时局紧张，清廷只好解除禁令，机车熄火数月后，恢复运行。■

清朝主管铁路事务的机构——总理海军事务衙门（1885）

中法战争后，清政府鉴于海战失利的教训，在创建海军、组建海军中枢机构问题上很快取得共识。总理海军事务衙门于 1885 年 10 月正式设立。醇亲王奕譞为总理大臣，庆郡王奕劻、北洋大臣李鸿章为会办，正红旗汉军都统善庆、兵部右侍郎曾纪泽为帮办。设立海军衙门旨在统一全国海军的行政管理，按 1874 年（同治十三年）清政府海防决策，先练北洋海军，由李鸿章负责。因此海军衙门的实际权力掌握在李鸿章手中，并且由于大部分经费拨给北洋，北洋海军的地位远居南洋海军之上。但海军衙门总经费拮据，不仅各省应解海军专款多数不能如期缴纳，而且尚需从有限的经费中经常拨支奉献内务府，作为修缮颐和园等皇家宫苑的费用。1886 年北洋大臣李鸿章以“铁路开通可为军事上之补救”为由，奏请将铁路事务划归该衙门管理。■

總理海軍事務衙門關防

总理海军事务衙门关防印

英国人金达与中国铁路事业

金达·克劳德·威廉（Kinder Claude William）（1852—1936）是最早来华从事铁路设计和修建的英国人。曾先后在法国、加拿大、俄国接受工程教育，后随父在日本铁路部门任职。19世纪70年代末到中国，曾任开平矿务局总工程师，后又任唐胥、唐津、津榆多条中国铁路总工程师，对中国铁路建设现状比较了解，而且得到清廷官吏们的赏识和信任。后来担任督办铁路总公司事务大臣的盛宣怀对他也有很高的评价。1891年，他与同僚薛福成说：在外国来华的路矿技术人员中，只有“开平所请之坚达（即金达），系怡和代请；大冶所请之郭师敦，系金登干代请。此二人有成效，余皆混充”。

树立在北戴河海滨的金达先生塑像

金达还是在中国提出建立铁路学堂的第一人。1893

年9月20日，已任北洋官铁路局总工程师的金达上书直隶总督兼北洋大臣李鸿章，从中国铁路发展的需要出发，建议开设学堂，培养中国自己的铁路工程师。清政府借口经费困难，决定缓办，仅准在天津武备学堂增招学生。

这种情况在甲午战争后有了改变，清政府大员王文韶等人均提出了建立铁路学堂的主张，兴办铁路教育已成为清廷议论的大事。

1896年5月4日，从北洋官铁路局调任津卢铁路总工程师的金达再次上书津卢铁路督办胡燏棻，再次陈述创建铁路学堂的建议，并进一步提出了具体办法，拟定了《在华学成之铁路工程师章程》16条附陈。上书中说：“目下中国所急需者，首在多储人才，”“今朝廷业经定意推广铁路，核计目下人才虽修路六百里亦不敷用。既乏人才，仅靠外国员司办理诚非得计，而办工撙节，成路迅速实难专靠洋工程师数人。”

金达的建议终于得到胡燏棻的重视，胡旋即将金达的上书及其附件转呈新任直隶总督兼北洋大臣王文韶。未几，王文韶批准创设铁路学堂，责成胡燏棻会同北洋官铁路局总办吴调卿具体规划筹办事宜。吴调卿于11月初拟订学堂开办具体计划和经费筹措办法，同时制定《铁路学堂章程》，上书王文韶，请求奏明清政府立案，以便正式开办。

未几，清政府正式批准开办铁路学堂。1896年11月20日，北洋铁路总局在上海的《申报》《新闻报》等报刊上刊登《铁路学堂告白》《铁路学堂章程》，向外界宣告铁路学堂的建立并开始招生。这是学习西方大学办学模式建立的我国第一所铁路高等学府，被命名为山海关北洋铁路官学堂，也是今天西南交通大学的前身。■

金达·克劳德·威廉（1852—1936）

“0 号”机车的争议

“0 号”机车模型

在中国铁道博物馆宽敞明亮的机车车辆陈列大厅里，摆在最显著位置，令参观者第一眼就能看见的，是一台体积最小显得最简陋的小机车。它被油漆一新，黑得发亮的司机室侧面，标着一个白色的“0”字，分外醒目。就因为有这么个圆圈，这台机车就被称作“0 号”机车。它是中国铁道博物馆的“镇馆之宝”，也是吸引蒸汽机车爱好者的最大看点。为什么？因为它“年长”，是中国现存最古老的蒸汽机车。

旧中国铁路被称作“万国机车博览会”，新中国成立时共接收4 069台机车，分别由8个国家的30多家工厂生产，机车型号多达198种（注：台湾省的机车未计在内）。在这些退役机车中，0号可说是个“幸运儿”，一直被唐山机车厂“收留”着。1976年唐山大地震时它“大难不死”，从地震的废墟里被挖出来，辗转于铁道部科技馆、山西大同机车厂，后来在中国铁道博物馆“安家落户”。

“0号”机车的身世过去已有定论，几乎所有的铁路史学文献资料都认同这样的说法：唐胥铁路通车后，“1882年，又从英国购来2台小型的0-2-0式（只有2对动轮）机车（称0号），参加运行”。（见金士宣编著《中国铁路发展史》。）然而，帮助李鸿章修筑唐胥铁路并设计了“中国火箭”号简易机车的英国工程师金达却说：“1882年10月从纽卡斯尔的史蒂芬森机车厂购进2台水柜式发动机，并为之装配了10.5×18 in的汽缸和6个42 in的双轮。”然而，到中国铁道博物馆看一下便知，“0号”机车只有4个轮子，显然不是金达所说1882年进口的那种机车。

对于0号的“出生”以及到达中国的时间，近年来有了这样的考证。英国人彼得·克拉什在香港铁路协会网站上发表的一篇文章指出：“0号”机车确是从英国进口的，但不在1882年，该车由英国布莱克·霍桑公司生产，总质量8 t，运往中国前，该公司于1888年1月在《伦敦与中国特快》上做过广告。他援引1888

“0号”机车

年6月25日上海出版的《天朝时代报》，它报道该机车于1888年6月14日到达天津。另一位英国人克里斯·维斯特在参观了中国铁道博物馆后专门就“0号”机车撰文并发表在斯蒂芬森机车协会学报。他说，参观中我仔细观察过“0号”的轮心，在两个轮子上都有数字“869”的印记。而“869”是布莱克·霍桑公司生产的一种机型。克里斯·维斯特先生在文中还摘引了刊登于1888年

6 月 16 日《中华时报》上一段关于这台机车运达中国天津时的报道："周四清晨，一台由纽卡斯尔的著名机车制造商布莱克 · 霍桑公司制造成的小型机车运抵天津……此机车质量约 9 t，尤为适用于拉运装载路用石砟的四轮平车。"两位英国朋友援引的两家不同地点出版的报纸，但报道的是同一件事，在时间上也是吻合的。他们的考证表明，"0 号"机车的出生地是英国布莱克 · 霍桑公司，制成于 1887—1888 年，1888 年 6 月运抵天津，服役于唐津铁路，用来拉运路料，当时叫"道砟车"。

不管怎么说，"0 号"机车也有 100 多年的历史，是珍贵的文物。多年来它时而保存在唐山，时而栖身在北京，时而展放在大同，1985 年还飘洋过海，在日本万国博览会上展出。直到北京中国铁道博物馆建成，它才有了安稳舒适的存身之地。■

刘铭传与台湾铁路（1887—1893）

中法战争以后，清政府感到台湾独立建省的重要性，1885 年，任命抗法保台有功的原福建巡抚刘铭传为第一任台湾巡抚。首任巡抚刘铭传是清末洋务运动中比较具有时代眼光、革新思想和实干精神的杰出代表人物。在他任职巡抚的 6 年（1885—1890）中，对台湾的军事、行政、财政、生产、交通、教育，进行了广泛而大胆的改革，全面推进台湾的近代化进程，使台湾的面貌焕然一新。这次自强新政是清朝统治台湾 200 年中最重要也是最后的一次改革。刘铭传推行新政时，制定了以“兴造铁路为网纽，辅之以电线邮政”的方针。他在 1887 年 4 月再次上奏朝廷，从防务和商务两方面强调在台湾修建铁路的重要性：“台疆千里，四面滨海，防不胜防，铁路一成，则骨节灵通，首尾呼应”；“分省伊始，极宜讲求生聚以广招徕，现在贸易未开，内山货物难以出运，非造铁路不足以繁商务，鼓舞新机”。获得清廷的允准后，规划兴建铁路的计划正式启动。

台湾第一任巡抚刘铭传（1836-1896）

在台湾铁路的修筑中，刘铭传呕心沥血，付出了艰辛的劳动。他成立了“全台铁路商务总局”，制定了《台湾商办铁路章程》，把台湾铁路分为南北两路计划：北路由基隆至台北，南路由台北至台南。因铁路穿山渡水，工程十分艰巨，自 1887 年动工到 1893 年修至新竹时，因资金及技术等原因停工，未能直下台南，全长约 99 km。虽然很遗憾，但台湾铁路比（北）京山（海关）铁路还要早 4 年通车。台湾从此进入了陆上交通以蒸汽机车牵引列车为主要工具的年代。

刘铭传起而保卫台湾，继而开发台湾，为台湾的发展做出了不可磨灭的贡献。■

修建中的台湾铁路

火车邮政的故事

自从世界上出现铁路之后，铁路便与邮政结下不解之缘。第一次用火车运送邮件是在 17 世纪 30 年代。1830 年 11 月 11 日，在英国利物浦与曼彻斯特之间的铁路线上出现第一次非正式的运送邮件。1831 年 1 月 15 日，美国南卡罗来纳州铁路“良友”号机车载运第一批邮件。1838 年 1 月 1 日，美国邮政局与巴尔的摩和俄亥俄州铁路签订了第一个用火车运送邮件的正式合同。

当中国大地出现了铁路，火车邮运的历史也就从此开始了。1888 年 10 月，唐胥铁路延伸至天津，天津海关利用这段铁路将大沽口的舶来邮件，用火车转运到天津。这是中国出现最早用火车运输邮件的方式。1902 年 10 月，大清邮政在北京至山海关的火车上又开设了火车邮局，对散发在火车上的信件进行分捡和收寄业务，这是我国最早的火车邮局。1903 年国家邮局在总结火车邮政经验的基础上，制定了《铁路邮政章程》，从此火车邮政业务逐步地转向正轨化、规范化。■

“大清邮政车”字样

中国第一座现代铁路桥梁——蓟运河桥（1887–1888）

中国第一座现代铁路桥梁是胥各庄至天津之间的蓟运河桥。1881 年，唐胥铁路建成。这条长约 10 km 的运煤铁路，被后人成为“中国铁路建筑史的正式开端”。1886 年起铁路由胥各庄向大沽、天津展筑。该桥处在茶淀与汉沽之间的蓟运河上。桥梁于 1887 年动工修建，1888 年建成，桥梁长度 173.72 m，共 4 孔。主墩基础为木桩，桥墩为浆砌料石。桥梁由英国工程师金达主持设计，比利时公司进行施工。这也是中国第一座接近现代化的桥梁结构。此桥经过多次改造，直到今天仍在使用，可以算是中国铁路历史最悠久的钢桥。■

蓟运河桥

中国最早建成的铁路隧道——狮球岭隧道（1887–1890）

狮球岭隧道是中国最早建成的铁路隧道，位于台湾省基隆经台北至新竹窄轨铁路的基隆与七堵之间，全长 261 m，于 1887 年从南北两端同时开工，一直到 1890 年夏季才竣工。这座隧道通过页岩、砂岩及黏土地层，其坚实性及透水程度各不相同，最大埋深 61 m。在地层压力较大处，拱部用砖作衬砌，边墙用石料作衬砌；在岩层较好处，则用木料作衬砌。隧道由外国工程师定出线路方向及中心桩的开挖高度，由清军士兵担任施工。当地每年的降雨量很大，给施工造成很大困难。隧道竣工后，巡抚刘

狮球岭隧道南口外观以红砖砌成，当年隧道竣工之后巡抚刘铭传题额“旷宇天开”，图上依稀可见

铭传特在隧道南口洞门上端题写“旷宇天开”四个大字。

在狮球岭隧道的修建过程中，虽然困难重重，但是在如何建造隧道方面毕竟取得了宝贵的经验。更值得称道的是，隧道与所在铁路完全是我国自己集资自己修建的，参与设计和施工的工程师、设计人员也大部分是中国人。

狮球岭隧道在铁路改线后的 1898 年停止使用。1985 年台湾当局指定已有百年历史的狮球岭隧道为三级古迹，整修后作为铁道文物加以保存。■

隧道已为铁道文物，成为台湾省基隆的旅游景点

中国首次采用气压沉箱法施工的铁路桥——滦河大桥（1892–1894）

滦河大桥

在昌黎与滦县交界处巍然屹立着一座跨越滦河的陈旧的铁路桥。这座拥有 110 多年历史的铁路桥，是中国最早的一座铁路大桥，修建此桥的是中国著名铁路专家詹天佑。如今，这座被人称作“老桥”或“花梁桥”的大桥早已“退休”，但它依然矗立在宽宽的滦河滩上，诉说着中国铁路建设的辉煌历史。

清光绪十七年（1891 年），北洋大臣李鸿章奏请开办西起古冶东到山海关的“关西铁路”，派记名提督周兰亭、候补道李树棠总揽事务，在调查中，修建“关西铁路”最大的障碍就是需要修建一座跨河的铁路大桥。当时清政府洋务派官员迷信外国专家，修筑铁路主要依靠洋人和西方机械技术，当然这次也不例外。李鸿章聘英国专家金达为总工程师，李吉士、狄连德、穆和德为副总工程师。次年（1892 年），中国第一条标准铁路——唐胥铁路修通古冶至滦州段，在往东修建由滦州到山海关的铁路时，需要建造一座横跨滦河的铁路大桥。滦河河床泥沙很深，水涨流急。总工程师金达特请英国的桥梁专家喀克斯工程师担任设计、承建。铁桥建设刚开始，打桩筑墩就失败了。喀克斯请来日本工程师依然未过筑墩关，最后去请德国专家出马，由山东湾调来一批德国机器匠，使用先进的“空气打桩法”，也未能成功。为了减低水势，德国人炸掉了“独石山”，改变滦河的流向，但仍然无法立桩。面对交工期限将近的窘况，英国总工程师金达在走投无路的情况下，不得不低下了高傲的头颅，授意喀克斯来找中国铁路工程师詹天佑问策。

当时詹天佑 32 岁，正在滦河以东的石门镇担任铁路工程师。他同意担当修建滦河铁路大桥重任，通过实地考察、测量，全面分析研究了外国工程师失败的原因，找出了外国公司设计选址不当，山口处河窄水急无法打桩的失败结症，以重新选址加大桥梁长度设计来解决无法打桩问题。在仔细研究滦河河床的地质构造，反复分析测算的基础上，大胆将桥址由山口向南移，选择河面开阔，水势减缓处建桥墩，又调整了建桥设计施工方案。由于桥址南移，便于立柱打桩、运料行船施工。在组织施工过程中，詹天佑借用俄军修建大连军港时留下的特长红松木，以中国的潜水员潜入河底，配以机器操作，利用松木排圆形、密不透水的特点，采用新方法——“气

滦河大桥

压沉箱法”进行桥墩的施工。詹天佑还就地取材，使用附近武山、榆山的“台阶石”“桩子石”，并解决了黏合石料的黏合剂问题，减少了对英国洋灰的进口，节省了资金，争取了建设时间，胜利完成了打桩任务。

经过两年施工，1894 年滦州铁路大桥顺利通车。詹天佑修建了中国第一座铁路大桥，解决了西洋、东洋三个国家的工程师面对水急无法打桩的重大难题。110 多年过去了，这座久经风雨的大桥，虽然在 1976 年遭遇了唐山大地震的破坏，经修复后仍屹立在大河之上，十分雄伟壮观，是唐山人民进行爱国主义教育的重要基地。■

中国第一所铁路高等学府——山海关北洋铁路官学堂（1896）

在国家第一历史档案馆里，有一张以《奏为拟设立铁路学堂所需经费在火车脚价等项下酌加应用事》为题的奏折，全折仅有311字，具名者是当年大名鼎鼎的直隶总督王文韶，落款日期为光绪二十二年九月二十三日（公元1896年10月29日）。这张奏折可谓是今天西南交通大学的前身——山海关北洋铁路官学堂的“出生证”。奏折完整记录了山海关北洋铁路官学堂由申请建立并获当时政府批准的全过程，陈述了学堂设立的背景、意义及办学理念。

“山海关北洋铁路官学堂”于1896年在山海关开设，是学

山海关北洋铁路官学堂

习西方大学办学模式建立的我国第一所铁路高等学府，当时的英文名称是 Imperial Chinese Railway College，直译是“中华帝国铁路学院”，如此响亮的名称，这并不奇怪，因为在这座小小的第一届仅有 20 名学生的学堂里，却承载着修建中国人自己铁路的救国理想。

1895 年前，和中国的其他现代工业一样，中国铁路总工程师是由外国人担任的，原因是中国自己的铁路科技人员稀缺。在经历甲午惨败后，清政府终于停止了在修路问题上迟疑不决的态度，铁路学堂的设立得到正式批准。

学堂自创建始，对学生的要求便十分严格，这成为学校精勤治学优良传统的重要起步。在最初招考的第一批学生中，原本计划招收头两班学生 40 名，但因对学生质量的严格要求，第一届竟没有招满。学堂的教学模式在当时的中国是最先进的，教学除中文课外，完全用英语讲授；教师主要依靠外籍教师，从国外专家、工程技术人员或学有专长，留学归国的中国人中高薪选聘。学堂考试制度极其严格，平时各门课程的考试十分频繁，学生的考试成绩与津贴待遇和毕业的任用挂钩，分数的多寡是决定学生进退的主要依据。

1900 年的 3 月 17 日，山海关北洋铁路官学堂第一届第一、二班学生毕业，由于要求极为严格，39 人中只有 17 人得到毕业证书，这是中国现代教育史上第一批土木工程学科的正规的大学毕业生。在铁路学堂的毕业生中，有很多人今后成为中国铁路建设的先驱，将他们的整个人生乃至生命与在中国大地上慢慢延伸的铁路线连接起来。

山海关北洋铁路官学堂初创时，“遍布铁路的中国”的建设理想曾令整个国家都处在紧张兴奋之中。直隶总督字斟句酌的 311 字折片，寄托着对创立中国第一所官办铁路高等学校的殷切期望。当年的创设学堂，正是在铁路不断延伸、铁路事业蓬勃发展、铁路人才急缺的大背景下提出的。毋庸置疑，学校因铁路而生，因铁路而发展。没有铁路，没有中国人自己修建铁路的迫切需求，也就没有山海关北洋铁路官学堂，更没有后来的唐山工学院，20 世纪 60 年代内迁四川后，即今天的西南交通大学。■

直隶总督王文韶的 311 字折片《奏为拟设立铁路学堂所需经费在火车脚价等项下酌加应用事》

“汉阳造”与“钢坚强”（1902）

汉阳铁厂

2012 年 11 月的一天，西安铁路局 23 岁的见习路线工渠敬雷在路线巡查中偶然发现了一条 110 年前的“汉阳造”钢轨。这条钢轨全长约 25 m，位于四川省达州万源市境内的万白货运专用线一处山间铁路桥上，作为护轨使用。它历经百年，仍坚固如初，被很多网友称之为“钢坚强”。在这条钢轨内侧清晰铸有繁体字的“1902 年汉阳铁厂造”，这是迄今发现的第二条 1902 年生产的汉阳铁厂钢轨，上一次是在 2009 年 11 月北京广安门车站拆除时发现的。“1902 年”钢轨是中国目前现存最古老的“国产”钢轨，比汉阳张之洞博物馆收藏的一段 1912 年的钢轨还要早 10 年。

汉阳铁厂成立于 1890 年，由湖广总督张之洞主持在湖北大别山下动工兴建，1893 年 9 月建成投产，前后总计生产铁路钢轨 30 年，总产量超过 3 300 km。铁厂包括大小 10 个分厂，有炼铁的高炉 2 座，炼钢的酸性转炉 2 座，平炉 1 座，还有轧制钢轨的设备等。张之洞移任湖广总督时，清政府正准备修筑卢汉铁路，于是汉阳铁厂就以铸造铁轨为主。卢汉铁路全长 2 000 余里，汉阳铁厂共供应了 8 万吨钢轨和 1.6 万吨钢轨零件。至辛亥革命前，铁厂约年生产钢轨 2 万吨，它是中国近代铁路建设中钢材的唯一国内供应商。据估算，至 1922 年年底，汉阳铁厂钢轨所铺设的铁路占中国已建铁路里程的 1/3。

“汉阳造”钢轨开始投产时困难重重，不仅资金不足，而且选用的贝色麻炉与所用的原材料大冶铁矿砂不匹配，所炼钢料不符合铁路钢轨的含磷量须低于 0.08% 的要求。后来汉阳铁厂改用大号马丁炉炼钢，1907 年汉阳铁厂新钢厂全部建成，钢轨开始畅销国内外，粤汉、沪宁等铁路钢轨都选用该厂产品，并得到外国人的肯定。

从 1894 年投产到 1924 年停产，“汉阳造” 钢轨虽然为中国铁路建设立下汗马功劳，但是生产钢轨的铁厂却因为衰弱的中国丧失国内关税自主权，在弱小时期就要和成熟的外国对手竞争，其

汉阳铁厂

价格只能按照外来同样货物的市场价格征取，因此经常亏损，最终黯然退出历史舞台。“汉阳造”钢轨，就是衰弱中国的牺牲品。

前文所说的钢轨，所铸铭文清晰可见，虽无法确切考证出它是否在卢汉铁路或是在其他早期铁路上实际使用过，但是“1902”的年代信息是确凿无疑的。汉阳铁厂是清朝末年创办的我国第一家钢铁联合企业，是中国近代最早的官办钢铁企业。不管是今天令人叹为观止的“钢坚强”，还是当年“辟利源、杜外耗”的“汉阳造”，都凝著着这段不平凡的中国近代史，让人想起那曾经在亚洲首屈一指的汉阳铁厂，想起那段蹒跚艰难的“钢铁”历史。今天，中国的铁路、钢铁工业早已步上世界潮头前列，而由这条钢轨带来的历史讯息，我们会永远铭记！■

张之洞博物馆临时展馆馆藏的汉阳铁厂当年轧制钢轨的老照片

“潮汕铁路案”（1903）

停在潮汕铁路汕头车站的列车

中国第一条华侨出资兴办的铁路是 1905 年修筑的潮（州）汕（头）铁路。鸦片战争以后，广东的汕头被辟为通商口岸。汕头一带物产丰富，地界海疆，近通省会，远达南洋，为通衢路口。从 1888 年起，美、日的一些机构就曾企图修筑潮汕铁路，但均未获清政府的同意。20 世纪初，在“收回利权”“实业救国”的思想影响下，爱国华侨纷纷集资回国兴办企业。1903 年，广东嘉应人、南洋侨商张煜南呈请修建汕头铁路。当时全国各大铁路均系筹借外款修建，路权尽失。朝廷也希望“其小枝分路，若有华商集股兴办，亦足为保持利权之一助”，且认为“此路本轻利重，华商不难自力”。因此，慈禧亲自批准，同意张氏等集股商办此路，并签订 50 年后收归国有的条约。詹天佑作为潮汕铁路总工程师前来勘测、设计。后与日本人意见不统一，遭到排斥而离职。之后日本人以 100 万元的工程造价承包修筑潮汕铁路，并盗用了詹天佑的设计方案。在修路中，发生了沿线百姓打死日本人的事件，在日本人的逼迫下，清政府采用了李代桃僵之策，制造了一起残害人命的冤假错案，史称“潮汕铁路案”。■

中国自行设计和施工的第一座越岭隧道——八达岭隧道(1907-1908)

八达岭隧道是中国自行设计和施工的第一座越岭隧道，位于(北)京包(头)铁路青龙桥车站附近。这座单线隧道全长 1 091 m，由我国杰出的工程师詹天佑亲自规划督造，1907 年开工，在中国技术人员和工人的努力下，仅用 18 个月，于 1908 年竣工。隧道位于直线上，进口端隧道外线路坡度为 32.3‰，隧道内线路最大坡度为 21.5‰。隧道穿过的岩层主要是较坚硬的片麻岩，另外还有部分角闪岩、页岩和砂岩等，风化呈破碎和泥质状态。为增加工作面，在隧道中部开凿了一座深约 25 m 的竖井，井上建有通风楼，供行车时排烟和通风用。隧道衬砌的拱圈采用预制混凝土砖砌筑，边墙用混凝土就地灌注，隧道底部用厚约 100 mm 的石灰三合土铺筑。■

八达岭隧道雄伟壮观

中国人自力更生修建的京张铁路（1905–1909）

1905 年，清政府决定修建从北京至张家口的铁路，打通从北京通向西北边陲的要塞，并任命詹天佑为总工程师兼会办，主持全线工程。外国的工程技术人员根本不相信中国能修成这条铁路，并公开扬言："建筑这条铁路的中国工程师，怕还没有出世哩！"

詹天佑（1861—1919）

詹天佑（1861—1919）字达翰，号眷诚，1861 年出生在广东南海一个没落茶商的家庭，12 岁时作为清廷首批官派赴美留学幼童到美国留学，10 年后从耶鲁大学土木工程学系以第一名的优异成绩毕业，1881 年，詹天佑学成回国。1887 年，27 岁的詹天佑出任中国铁路公司工程师，参与修筑了津沽铁路，这是詹天佑投身中国铁路事业的开始。而后又参加关内外、津卢、萍醴、潮汕等多条铁路的修筑，并主持修建了新易等铁路。可以说，在詹天佑 30 年铁路建设生涯中，中国的铁路建设几乎没有一条不与他有关。

修建京张铁路，确实困难重重。詹天佑在《京张路详图说明》

中说：全长200千米多的京张铁路，“中隔高山峻岭，……路险工艰为他处所未有”。特别是“居庸关、八达岭，层峦叠嶂，石峭湾多，……即泰西（指欧洲）诸书，亦视此等工程至为艰巨”。由南口至八达岭，坡度很大，“高低相距一百八十丈，每四十尺即须垫高一尺”。

詹天佑和有关工程技术人员，经过多次实地勘测，最后为京张铁路选定了经过南口、居庸关、八达岭的现行路线。

南口至岔道城的关沟路段，是京张铁路工程最艰巨的路段。为了减少铁路的坡度和山洞长度，詹天佑在山多坡陡的青龙桥地段创造性地运用“折返线”原理，设计了“人”字形爬坡路线。又采用2台大马力机车一拉一推的办法，解决了坡度大机车牵引力不足的问题。关沟路段有4座隧道工程，总长度1 645 m。其中八达岭隧道最长，为1 091 m；居庸关隧道居第二，为367 m。在开凿隧道的施工中，曾遇到渗水、塌方、通风等困难。有些外国人认定，中国没有通风机和抽水机，无法开通隧道。但中国工程技术人员采取各种措施，解决了这些困难，出色地完成了凿通隧道的工程。

京张铁路于1905年9月动工，1909年（宣统元年）8月建成，比原计划提前2年。经费结余了28万余两白银，总费用只有过去外国承包商索价的1/5。而且，其工程质量之高，连参观了京张全路的欧美工程师都称赞不已，十分钦佩。10月2日，在南口举行了盛大的通车典礼，中外来宾达万人之多，并在南口车站剪彩棚内举行剪彩通车仪式。

京张铁路是最早由中国自己筹资，自行勘测、设计和施工建造的铁路。它的胜利建成，在中国铁路史上写下了光辉的篇章，长了中国人民的志气，增强了中国人民建设祖国的信念。■

京张铁路令欧美工程师称赞不已

个碧石铁路（1915–1936）

个碧石铁路修通

个旧县城的金湖边上，一段轨距仅为 60 cm 的铁路隐约可见。它的道心已经被混凝土填平，它的周围都是鳞次栉比的高楼。自 1990 年停运以来，这条犹如游乐场中的道具的铁轨便退出历史舞台。然而，当年它的建设却是中国民族工业史上值得骄傲的历史见证，它背负着一段中华民族工商业者抗争殖民掠夺、自强不息的历史。这就是个碧石铁路，中国唯一一条轨距仅为 600 mm 的寸轨铁路。从碧色寨到鸡街，再到建水石屏直至个旧，个碧石铁路

个碧石铁路旧址

1915年5月开工，1936年10月10日才全线通车，历经21年的修路过程，这或许是中国铁路史上修建时间最长的铁路。它呈“T”字形，横笔两端分别为碧色寨、个旧，交接点为鸡街，竖笔下端为石屏，全长177 km，它是中国最早的民营铁路。

个旧是中国有名的“锡都”，其开采锡矿的历史可以追溯到西汉时期，个旧是全国最大的锡现代化生产加工基地，个旧“锡都”很早即被载入英国《大不列颠词典》等著名辞书和教科书而蜚声海内外。在滇越铁路开工前十多年，已有数波法国商人到个旧考察锡矿。修建个碧石铁路的动因，一方面是个旧矿主为了与滇越铁路连通，大量出口锡矿；一方面却是想抢在法国人前面，滇越铁路的路权已经被法国人掠夺，这令国人感到担忧，一旦个碧石铁路的路权落在法国人手里，不仅运输费用要受法国人控制，个旧丰富的锡矿资源也将被掠夺一空，只有抢先修建铁路才能保住路权。因此，滇越铁路开通当年，个旧矿主们便联名向云南政府提出申请，自主修建个碧石铁路，经过重重波折，最终赢得了获取个碧石路权的斗争。

除了采用600 mm的窄轨轨距之外，个碧石铁路的另外一个特殊之处在于它的枕木。为了有效延长使用寿命，普通铁路的枕木必须经过注油防腐处理后方可使用，也就是我们所说的防腐枕木、注油枕木、浸油枕木。然而，个碧石铁路使用的枕木是就地取材，选用了云南当地的栗木，称为栗木素枕。这种枕木具有天然的防水、防虫等功能，无需涂抹任何防腐材料，而且质地极为坚硬。中国铁道博物馆在征集这件文物时，为了运输方便，曾试图将道钉和枕木分离，但颇费了一番力气后，枕木和道钉依然严丝合缝地固定在一起，这种枕木的坚硬及牢固程度由此可见一斑。

1969 年，铁道部对个碧石铁路进行了改轨工程，将蒙自到宝秀的 142 km 扩建为米轨，仅保留鸡街到个旧的 34 km 窄轨铁路。1985 年鸡个线客运业务取消，1991 年停办货运业务，宣告了云南窄轨铁路运输历史的终结，但线路原有设备得到较为完好的保留。2005 年，个旧地方又成立了个碧临屏铁路有限公司，恢复部分小铁路，成为一道独特的旅游风景。■

列车行驶在个碧石铁路上

北京环城铁路（1915–1916）

为了便利北京各城区煤粮运输和市民出行，北洋政府敦促交通部尽快修建一条环绕北京城的铁路线。1915 年 6 月，环城铁路全面开工，12 月竣工。在通过了总工程师邝孙谋等人的验收后，于 1916 年 1 月 1 日正式通车运营。该路从京绥铁路西直门站起，向东沿城墙与护城河之间的“官荒地带”到达东便门，与京奉铁路的通州米仓岔线接轨至正阳门车站，在德胜门、安定门、东直门、朝阳门四门设有车站和货场。■

列车经过北京环城铁路旁的城楼

国内外铁路联运的开始（1917）

北宁、平汉铁路联轨丰台车站站场

1912 年 4 月，京奉、京汉、京张三路协商制定客货联运直达票办法，以解决三路在丰台站接轨后因无联运而引起的货物积压和旅客不便的问题，这是国内联运的开始。1913 年 6 月，京奉铁路代表又参加了在莫斯科举行的西伯利亚铁路联运会议。此后各路积极参加国内外旅客联运。1917 年 12 月，交通部设立了铁路联运事务处，专门管理国内外铁路联运事务。■

中国第一所铁路中学——天津扶轮中学（1918）

天津扶轮中学

我国创建最早的一所铁路中学是天津扶轮公学第一中学，简称天津扶轮中学（今天津铁路一中）。该校 1918 年 11 月 4 日开学，校址在河北区五马路北头，首任校长是顾宝埏。1918 年 1 月为解决铁路职工子弟“失学甚多”及入学困难的问题，京汉、京奉、京绥、津浦四路职工联合发起组织了“铁路同仁教育会”，会长为叶恭绰，董事有詹天佑等 12 人，着手筹办铁路沿线职工子弟中学，并定学校总名为“扶轮公学”。

该校曾公开招标由天津振元木厂承建，建石头楼房两座，全部用青石砌筑，为天津罕见之建筑。校内设备完善，南楼为教学楼，北楼为学生宿舍楼，有礼堂、阶梯教室、理化实验室、音乐教室、手工作业室、餐厅、盥洗室等。1922 年 5 月天津扶轮公学收归交通部管辖，更名为“交通部扶轮第一中学校”，旋即改为“交通部部立天津扶轮中学校”。1928 年起，初中改设双轨制，高中分普通科与商科，在校学生数约 400 名。1937 年日本侵略者占领天津，学校被日军占为陆军医院，部分教职员转移大后方。

1940 年由张新虞校长在湖南冷水滩筹备复课。之后，随着日军的不断进攻，扶轮中学沿湘桂、黔桂铁路边撤退、边办学，颠沛流离，备尝艰辛，该校校友赵大年曾以此题材写了长篇小说《大撤退》。1945 年春节，学校被迫解散。抗战胜利后于 1946 年 11 月 4 日复校。新中国诞生后改称“天津铁路职工子弟中学”，1964 年改称“天津铁路一中”。

天津扶轮中学新貌

一张珍贵的《中国铁路全图》（1919）

在中国铁道博物馆正阳门馆内收藏并展出着一张非常珍贵的铁路规划图，它因年代较久而略显泛黄，且有轻微破损，但整体保存基本完好。这张铁路图长 105 cm，宽 95 cm，内中用红、黑两色线条勾画的铁路线路清晰可辨，特别是红色线条分布密集且广泛，遍布整个中国版图。这张铁路图即是中国伟大的革命先行者孙中山先生在 1919 年发表的《实业计划》中的《中国铁路全图》。

1912 年，孙中山先生正式辞去临时大总统后，转而投身于发展中国铁路事业。他曾担任“中华民国铁道协会”会长，并指出“今

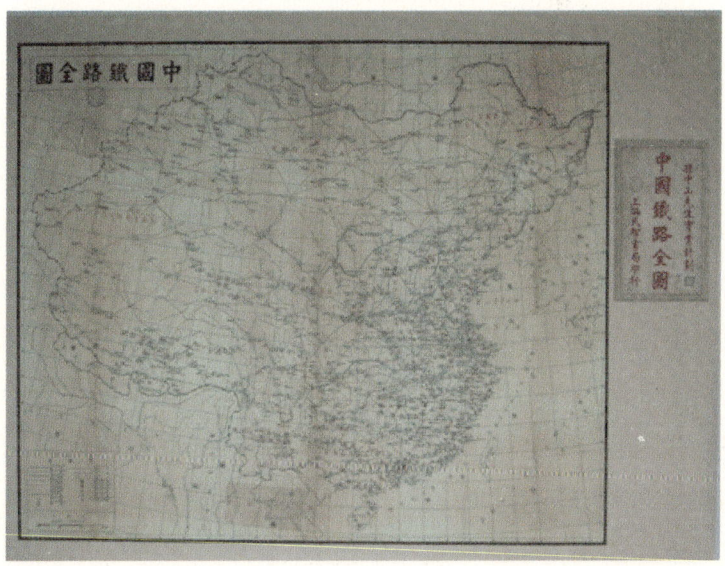

孙中山《实业计划》之《中国铁路全图》

日之世界，非铁道无以立国”。后又膺任“全国铁路督办”一职，组建中国铁路总公司，全权筹办全国铁路事务。孙中山曾在不同的场合反复论述修筑铁路的重要意义，认为铁路建设乃一国富强之基，并作出了“交通为实业之母，铁道又为交通之母”的论断。在他看来，发展实业是振兴中国的唯一出路，而首要之策则是建设铁路。

1919 年秋，一份雄心勃勃、激动人心的中国经济崛起方案见之于众——它即是孙中山发表的《实业计划》，在这份纲领性的计划中，他从放眼世界的战略高度出发，为国家的富强、民族的振兴和人民的幸福而提出了中国经济的发展方略。其中，对中国铁路发展进行了详细规划，《中国铁路全图》则是铁路发展规划的真实映现，是《实业计划》中的精华所在。

在这张铁路图中，孙中山先生设计建设 10 万英里（约 16 万千米）的铁路，目标是建成“全国四通八达、流行无滞”的铁路网，并以新建北方（位于渤海湾）、东方（位于杭州湾）、南方（广州）三大海港作为铁路网对外交流的枢纽。整个铁路网络可分为“六大铁路系统”，即中央铁路系统、东南铁路系统、东北铁路系统、西南铁路系统、西北铁路系统和高原铁路系统，在这张《中国铁路全图》中全部采用红色实线标画。俯观铁路全图，这个庞大的铁路建设计划便一目了然。铁路南路起点于南海，由广东而广西、贵州，走云南、四川间，通入西藏，绕至天山之南；中路起点于扬子江口，由江苏而安徽，而河南，而陕西、甘肃，超新疆而迄于伊犁；北路起点于秦皇岛，绕辽东，折入蒙古，直穿外蒙古，以达于乌梁海；高原铁路包括拉萨兰州线、拉萨成都线、拉萨大理车里线、拉萨提郎宗线、拉萨亚东线等 16 条线路。另外，各省之省会均成为铁路中心，路线将由此种重要之城市向各方分射而出。从每一省会出发之路线，将多至八九条不等。通过东北、东南、西北、高原等铁路系统，分布于东、南、西、北四角为横向辐射布局，并与邻国铁路接轨，从而形成一个内连全国、外通全球的流通网络。如图所示，今日的蒙古国和原唐努乌梁海地区尚属中国版图之内，所以西北铁路系统几乎一半铁路线路铺设在蒙古境内。此外，孙中山先生还计划建设中国的水运系统和公路运输系统，使之与铁路运输相互连接，相辅相成，从而使中国的人流、物流畅通无阻，推动中国其他各项实业的发展。

令人遗憾的是，囿于当时军阀混战、政治动荡的社会环境，这个铁路建设计划终究只能停留在这张图纸中。尽管《中国铁路全图》已被束之“高阁”（博物馆），但在《实业计划》问世近百年后的今天，孙中山当年那遥不可及的铁路梦想，正在逐步变成现实。■

巴黎和会引发的“一篇电报文，拳拳爱国心”（1919）

1919 年，美英等国抛出统一中国铁路管理方案，妄图实现其所谓国际共同管理中国铁路的计划。其核心内容是由美、日、英、法、中五国组成国际共同管理委员会，统一掌握中国铁路的人事任免、材料采购、建筑施工、经营管理等大权。这不啻于将中国铁路拱手送与他人，遭到中国各界的强烈反对。中华工程师学会会长詹天佑代表该会致电参加巴黎和会的中国代表，慷慨陈词，说铁路统一案被“忧国之士，引为亡征”，“天佑向习路工，久历路事，深知弊害，抱痛尤多”，以自己的亲身体验和真知灼见，痛诉列强共管中国铁路的严重危害，并对此给予了有力的驳斥。此案由于诸多因素的影响，后来终于不了了之。詹天佑的拳拳爱国心，也倍受后人的钦敬。■

鐵路統一問題之復電

詹天佑“铁路统一问题”电文

八百里秦川敞开大门（1920）

自古就是西北关隘重地的潼关，南靠高山，北濒黄河，为陇海铁路灵潼段修筑中的关键工程之一。潼关城墙已接近河边，线路如何通过该地是个棘手的问题。当时任陇海铁路工程局局长的凌鸿勋，以其坚实的业务基础，做出周密的科学决策，成功地在城市底下开凿出一座长 1 080 m 的隧道，为铁龙长驱直入八百里秦川顺利地打开了大门，开创了中国筑路史上的先例。■

陇海铁路潼关附近

浦东兴建上川铁路(1921–1936)

1921 年，黄炎培等人招股集资，成立上川交通股份有限公司，筹划修建上川（上海一川沙）铁路。1924 年 10 月，庆宁寺至龚家路段工程竣工通车。当时每天乘客可以达到千人，许多在上海的外国人也三五结伴乘火车来浦东郊游，上川公司还用客轮接送川沙城附近的居民和旅客在龚家路换乘火车。1936 年 3 月，线路延伸到祝桥镇。至此，上川铁路贯通上海、川沙、南汇三地。川沙自从上川铁路通车后，各乡的壮强男子，大多去往上海学习经商，或者学习手艺，或者到外国人家里做事。上川铁路的建成，便捷了川沙与上海的经济往来，极大地推动了浦东地方经济的发展。

民国时期上川铁路小火车

上川铁路福特车

铁路统一标准和规章（1922）

曾有人讽刺中国铁路是“国际铁路展览会”。帝国主义各国在中国修建的铁路，不仅所采用的工程技术标准、机车车辆的形式和构造不同，而且经营管理的制度和方法也不同，给中国铁路运输的方方面面都带来了诸多困难。随着各路客货联运的开办，统一国有铁路技术标准和管理规章已十分必要。1917年，交通部成立“铁路技术标准委员会”，由詹天佑任会长，负责制定和统一各项标准与行车规章制度。这些规范在1922年公布实行。■

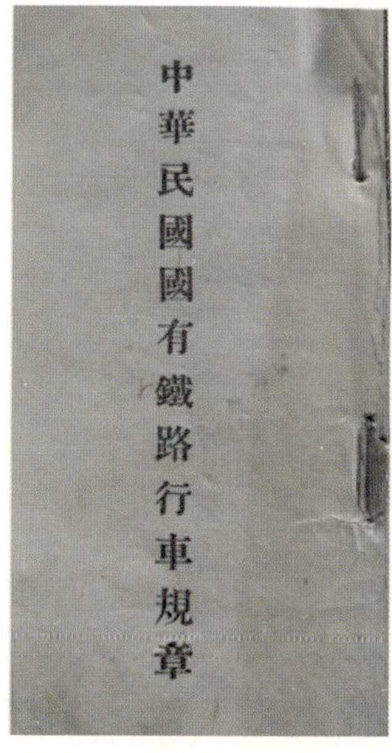

中華民國國有鐵路行車規章

1922年《中华民国国有铁路行车规章》

早期铁路工人的斗争（1922）

天津铁路工人支援二七大罢工

1922年，全国先后发生了长辛店铁路、粤汉铁路湘鄂段、安源路矿、京奉铁路山海关、京奉铁路唐山制造厂、正太铁路等工人大罢工。1923年2月4日上午9时，江岸工会委员长林祥谦下达了罢工命令，拉开了京汉铁路大罢工的序幕，将第一次大规模的工人运动引向高潮。1924年2月，全国铁路工人第一次代表大会在北京秘密召开，正式成立中华全国铁路总工会。该会成为中国当时唯一的全国性工人组织。会址设在北京，机关刊物为《工人周刊》。■

东北官商合办铁路（1924）

1924 年 4 月，东三省保安总司令张作霖设立东北交通委员会，主持筹划自主修建铁路，谋求摆脱南满、中东等铁路的控制。该委员会先后建成奉海、吉海、呼海、洮昂、齐克、洮索等铁路。正如《呼海铁路纪略》所说的：“完全以本国资本办本国之铁路，是不独事实已告成功，而精神之进步尤为铁路史中有记载之价值者也。”它指出了修建这些铁路的重大意义所在，至于其所带来的收益更是自不待言了。■

吉海铁路使用的蒸汽机车

“满铁”控制的东北铁路（1927）

“亚细亚展望号”列车

成立于1906年的“南满洲铁道株式会社”（简称“满铁”），是日本侵华的大本营，后来更成为对中国进行殖民地掠夺的最大机构。它不仅掌握着东北的铁路、公路、水运、航空等交通事业，还控制了东北的经济命脉。东北的港口、工厂、矿山、制铁、电气、农业、教育、卫生以及地方行政等都归“满铁”管制。同时，它还拥有武装和特务机构，广泛收集中国的政治、经济、军事情报。而“满铁”控制下的铁路网，更是日寇“统治集中”“资源开发”“军事运输”以及把掠夺到的物资运往日本的生命线。

奉天省倡议兴建一条从省城到海龙的铁路，不料此事却遭到“满铁”的横加干涉，声称这条线路与南满铁路平行，将会妨害“满铁”营业，有违条约。后来“满铁”又提出若让它垫款代筑洮昂铁路，则日方不干涉中国自修奉海铁路。不得已，中方做出让步。1927年，这条官商合股的铁路全线通车，一度引起欧美各国的重视，证明了中国人在东北不用外国的资金和技术也能修建铁路。该路投入运营即与“满铁”展开竞争，由“满铁”独揽的开原县以东60万吨的货物运输量一下子就被吸引过来40万吨。■

奉海铁路东陵车站

“皇姑屯事件”（1928）

东北官商投资修建铁路的热潮，打破了日本长期控制东北铁路的局面，触动了它在“满蒙的权益”。日本召开“东方会议”，决定修筑吉会、洮齐、吉五、延海、齐黑等铁路，并提出所有东三省境内与日本利益相抵触的铁路一概不许中国兴建的无理要求。当日本人拿着“满蒙铁路计划”去见张作霖时，他吃惊地认为这几条铁路犹如“怀里抱着炸弹”一样危险，表示不能接受，迟迟不肯将日方草拟的《满蒙新五路协约》变成公开协定。在日本军国主义分子眼中，他已经成了日本开发满洲的障碍，很难再成为他们推行“满蒙政策”的好伙伴，于是日方精心策划，于 1928 年 6 月 4 日在皇姑屯车站附近将张作霖炸死。■

张作霖专列被炸处——三洞桥

杜镇远与杭江铁路（1930–1933）

杭江铁路（浙江杭州至江西玉山），是自詹天佑主持修建的京张铁路之后，第二条由中国人自行设计并投资建设的铁路干线。

主持修建杭江铁路的就是中国轨道交通史上的一位重要人物——杜镇远。他与著名桥梁专家茅以升一样，都是今天西南交通大学的前身——唐山路矿学堂的校友。在中华民国期间，杜镇远就曾担任杭江、浙赣、滇湎和粤汉铁路局局长兼工程师，他在短短的数十年内就主持修建了 3 600 km 长的铁路、600 km 长的公路。同时，杜镇远还在主持修筑铁路时，对筑路方式、筹资途径上均有自己独到的创举。

杜镇远塑像

当时修建杭江铁路，经费严重匮乏。时任杭江铁路工程局局长兼总工程师的杜镇远提出修筑杭江铁路要以“固本简末”为前提，因陋就简，既满足运力需求，又体现节约。他考虑到新建铁路在运营初期，地方经济尚在开发阶段，铁路的运量不会很大，因此在总设计上对基础工程和上部建筑按不同

杭江铁路通车仪式

标准设计，即线路限制坡度及桥梁下部结构按通行标准设计施工，上部建筑按轻型钢轨和小型机车的标准施工，为将来有条件时更新钢轨、钢梁等设施保留技术空间；站房附属设备等则因陋就简，尽可能利用沿线附近的庙宇或民房，以实用为原则，不追求形式。这样，既加快了铁路建设进展，也节省了投资。杭江铁路建造费用每千米 37 000 元，仅为国内同期其他铁路每千米造价 120 000 元左右的 1/3。

杭江铁路 1930 年 3 月开工，1933 年 12 月 28 日全线通车，平均两天修建 1 km，创造了我国铁路建筑工期的新纪录。受全部建设投资不能一步到位，工程技术人员严重缺乏等条件制约，杜镇远将杭江铁路分段分期施工，建成一段，通车一段，以运营收入所得为下一段的建设基金，充分发挥投资效益，减少财力负担，既解决了工程材料供应补给的运输问题，又减轻了由于全线开工所造成的人力、财力、物力的困难，对发展地方经济和工农业运输更起到立竿见影的效果。这也是他主持杭江铁路建设的一大特点。

在修筑杭江铁路时，杜镇远的廉洁奉公也被传为佳话。当时杭江铁路的筑路材料大都购自上海，仅向怡和洋行购买的枕木就价值 50 万美元。怡和洋行按照上海商界回扣 5% 的惯例，坚持要给杜镇远塞上 2.5 万美元的回扣，而被他坚决回绝，并要求将枕木价格降低 5% 作为替代。洋行终于被杜镇远所感动，只好同意将枕木降价卖给杭江铁路。上海各大商号闻听此事，都很敬重杜镇远，也纷纷对杭江铁路的购料给予多种优惠。1937 年，由杭江铁路延展而成的浙赣铁路竣工通车，成为战时抗击日军的重要战略运输线。■

浙赣铁路杭江段开行的旅客列车

“一根枕木一条人命”（1931）

北黑铁路黑河车站

“九一八”事变后，为了进一步掠夺东北资源，同时推行“北边镇护”的反苏反共政策，日本决定修建北安至黑河的铁路。筑路工人是从中国各地招募来的，每天工作十六七个小时，受尽日本监工和包工头的盘剥和压榨，劳累、疾病和塌方等事故造成死亡者不计其数。正如当年的修路工人所说：“北黑线是由一根枕木一个人换来的。”而大肆掠夺中国的侵略者，正是利用这条铁路，源源不断地将东北盛产的优质木材和丰富的矿产资源运往日本。■

“长江号”渡轮沉睡江底（1933）

1933年10月22日，南京长江铁路轮渡举行隆重的开航典礼。英国斯布汉特造船厂制造的“长江号”渡轮满载车辆，乘风破浪，开始了它的渡运生涯。自此，沪宁和津浦两条铁路始能联通。津浦铁路沿线的煤、粮食和农副土特产品整列南运，甚至自平绥铁路包头起运的西宁羊毛也整列经由轮渡运往上海。1937年冬南京沦陷前，为避免落入日军手中，“长江号”载着拆卸下来的各种轮渡器材撤往长江上游，在湖北宜昌附近一个名叫石牌的地方卸货后自沉江底。此后几十年，它就一直静静地躺在那里。■

“长江号”渡轮停靠引桥等候装载车辆的甲板轨道

阎锡山的窄轨铁路（1933）

同蒲铁路介休车站

阎锡山曾经说过：“窄轨有窄轨的好处，有了事情，外面的火车进不来。”无意中似乎印证了一个说法：阎锡山之所以坚持将同蒲铁路修成窄轨，“旨在实行地方割据”，把山西搞成他的独立王国。但是，也有人为其正名，为了阻止法国资本入晋，他才坚持本省自筹资金，因为资金不足，只好修筑窄轨。另外，考虑经济效益，阎锡山算了一笔账，修窄轨“投资少，见效快，来得合算”，20年内除收回全部投资外，还可盈利670万元，50年内可赚30.63

晋绥地方铁路银号发行的纸币

亿元。当然，他精打细算的省钱技巧可是出了名的。

阎锡山要修一条“最经济之铁路”，在经费筹措上也颇有高招。一方面，设立晋绥地方铁路银号，承购发行了 1 200 多万元的债券。另一方面，又压低地价从农民那里购买修路用地，且不给现款，只发行期票，承诺路建成后兑现；而抗战爆发后，铁路沿线沦为日占区，期票根本无法兑现，即使兑现了，也因钞票的迅速贬值而所得无几。这些债券和期票，都是变相的纸币。同蒲铁路可以说是用这些纸币铺起来的，难怪有人将其形象地描绘为“纸糊的铁路”。■

支持铁路建设的银行——浙江兴业银行（1907，1934）

浙江兴业银行旧貌

成立于1907年的浙江兴业银行，是中国最早的商业银行之一，原由浙江铁路公司创设并为最大的股东。浙江兴业银行贯彻“信用为上”的方针，其储蓄存款曾五度位居全国各大银行之榜首。在放款方面，强调振兴中国实业，尤其关注国计民生急需的事业。1934年，浙江兴业银行向国民政府铁道部建议尽快修筑钱塘江大桥。建议被采纳后，又积极筹措款项，组织建桥银团共同投资200万元。它还曾经贷款给杭江等铁路，促其顺利建成通车。

浙江兴业银行现貌

妙联巧贺粤汉贯通（1936）

1936 年 4 月，粤汉铁路株韶段竣工。至此，几经纷争、多次停工、堪称鄂湘粤三省大动脉的粤汉铁路终于全线贯通。首次通车时，火车头上挂出一副对联：花事年年，为问岭表白云，寒梅开未；车尘历历，指点汉阳红树，流水依然。上联巧用吟咏岭南的诗句“十月先开岭上梅”，下联巧用吟咏黄鹤楼的名句“晴川历历汉阳树”，将粤汉铁路两端广州与武汉的气候和景色明朗地点染出来，寄托了人们对于这条铁路干线前后经历几十年终于全线贯通的欣喜之情。■

行驶在粤汉铁路上的机车

KF_1 机车传奇（1936）

"KF_1006"号机车

1933年年底，一个37岁的青年人、铁道部路政司"技正"——应尚才主持完成了 KF_1 型客货两用大型机车的总体设计任务。这是专为粤汉铁路株韶段设计的兼具功率大、质量轻、行车灵活三种特性于一身的机车。中标承造机车的英国沃尔冈机车工厂，专门电请应尚才赴英监造。1936 年 1 月，第一批机车运到了青岛，中国火车司机欣喜地驾驶着中国人自己设计的新机车，在胶济线进行了试车，以其性能良好，深为赞赏。1944 年 11 月，桂林被日军攻陷，铁路职工只得忍痛炸毁已经集中撤退到桂林的 KF_1 型机车，以免落入日寇手中。新中国成立后，经修复的 21 台 KF_1 机车又继续运行在繁忙的沪宁线上。■

茅以升与钱塘江大桥（1935–1937）

1937 年 9 月 26 日，中国人自己建造的第一座现代化公路、铁路两用桥——钱塘江大桥建成通车。支援淞沪抗战的大量物资通过大桥源源不断地运往前线；无数抢运撤退物资的车辆驶过此桥，顺利转移到后方；安全过江的百姓以数十万计。但是，没有一个人知道，他们是踏着无数的火药桶上前线或逃命去的。原来，在大桥施工的后期，得知战局不利，它的设计者茅以升先生就在最难修复的桥墩上预留了空孔，连同五孔钢梁埋放了炸药。日寇进逼杭州，茅以升受命炸断了亲手建造的大桥，留下“不复原桥不丈夫”的誓言，携带着图纸资料，辗转到了后方。新中国成立，茅以升继续主

钱塘江大桥当年

持大桥的修复工作。1953 年 9 月，最后一个桥墩修复完成，钱塘江大桥终于又通车了。

钱塘江大桥位于浙江省杭州市西湖之南，六和塔附近的钱塘江上，是由我国自行设计和监造的第一座双层式公路、铁路两用特大桥。该桥为上下双层钢结构桁梁桥，全长 1 453 m，宽 9.1 m，高 71 m。大桥于 1935 年 4 月动工，1937 年 9 月 26 日建成通车。钱塘江大桥不仅是我国桥梁史上的巨大成就，也是中国铁路桥梁史上一个辉煌的里程碑。

钱塘江大桥横贯钱塘南北，是连接沪杭甬、浙赣铁路的交通要道，它的建成不但极大地方便了钱塘江南北的交通，而且与六和塔一起构成了西湖风景名胜区南线宏伟壮丽的景观。大桥分引桥和正桥两个部分。正桥 16 孔，桥墩 15 座。下层铁路桥长 1322.1 m，单线行车；上层公路桥长 1 453 m，宽 6.1 m（相当于二车道），两侧人行道各 1.5m，雄伟壮观。大桥如虹飞架南北，铮铮铁骨肩负重任。

当时为了完成建桥重任，茅以升毅然辞去北洋大学教席，只身来到杭州。首次采用气压沉箱法掘泥打桩获得成功，打破了外国人认为“钱塘江水深流急，不可能建桥”的预言，为中国人民长了志气。由他主持制订的建桥方案不但切实可行，而且比美国桥梁专家华德尔提出的方案减少投资约 200 万元，终于被当局采纳。雄伟壮丽的大桥，抒发出中华儿女自立于世界民族之林的豪情壮志，而铭刻其中的“殚精竭智千日功，通车之日却炸桥”的扼腕痛心却使国人永志难忘。

2006 年 5 月 25 日，钱塘江大桥被国务院批准列入第六批全国重点文物保护单位名单。■

钱塘江大桥新颜

日本设立“华交”（1939）

1939 年 4 月，侵华日军在北平设立“华北交通株式会社”，简称为“华交”（前身为“满铁”北支事务局）。该会社统一管理华北日占区的铁路、公路和内河运输，将华北日占区的铁路管理大权操纵在手。京张铁路是“华交”尤为重视的线路，成了日本人掠夺关内外资源的最佳途径。通过这条铁路，大同的优质煤，宣化的铁矿石，内蒙古的牲畜、毛皮等都源源不断地运往日军补给基地和日本本土。■

日本设立“华北交通株式会社”

中途夭折的滇缅铁路（1942）

抗战时期，为了开辟一条经济快捷的国际运输线，使外援物资尽快运抵国内，国民政府决定修筑滇缅铁路。铁路经过的蛮荒地区，瘴疠横行，蚊叮虫咬，许多人得了疟疾和肠胃病，而云南本地民工又十有八九抽鸦片烟。民工体弱不支，加上生活供应困难，施工效率极低。后来经过改善条件，工程进度明显加快，眼看就要铺轨了，却因战局的巨大变化而中止施工。1942 年 5 月，蒋介石下令破坏滇西各段线路的路基、桥梁和隧道，以免资敌，滇缅铁路滇西部分的线路在一片爆破声中化为烟尘。■

滇缅叙昆两路联合开工典礼之一

战难列车（1944）

1944 年，日军发动了打通纵贯中国大陆到印度支那陆上交通线的豫湘桂战役，一路强攻向南进犯，中国军队节节溃败，大片国土沦陷，难民蜂拥撤退。铁路运输也出现了一些历史上罕见的混乱现象。撤退的列车过桂林后就不时地堵塞，有的列车一天才能开出一两站，有时一停就是一两天，甚至车不到站就中途停下，运行极为困难。沿线各站都停满了车，车上都挤满了人，无论客车货车，只要有一锥之地就会有人去占领，车顶上都坐满了人和堆放着东西。男女老幼挤在车顶上忍受着日晒夜露、风吹雨淋，过山洞时还有些人被洞口刮下，真是苦不堪言。叫人难以想象的是，车厢底的轮架上居然也被搭上木板躺着人，更加险象环生了。■

抗战时期桂林车站旅客争相搭乘火车的情形（木刻）

战后国民政府的复路工程（1946）

湘桂黔铁路复轨通车纪念剪彩

抗战胜利后，国民政府立即动手“接收”铁路，并企图修通战争中被破坏的津浦、平汉、胶济、平绥和正太等华北五铁路，以便调运军队，大举进攻解放区。解放区军民为此对国民党控制下的铁路展开了大规模的破袭战，津浦和平绥两铁路虽曾经一度修通，但不久即被解放区军民切断。此外，在联合国善后救济总署的协助下，国民政府还先后修复了粤汉铁路和浙赣铁路。湘桂黔、淮南和江南铁路也相继恢复通车。不过，国民党施政的重点在于铲除政敌，赢得内战，中国铁路的重建和振兴还是在新中国诞生之后。■

“毛泽东号”蒸汽机车和“朱德号”蒸汽机车（1946）

“毛泽东号”蒸汽机车

“毛泽东号”机车诞生于解放战争的炮火硝烟之中。1946年，为了支援解放战争，缓解铁路运输运力不足的困难，哈尔滨东北铁路局组织开展了修复废旧机车的活动。1946年8月，哈尔滨机务段的职工响应毛泽东主席“解放全中国”的号召，从滨州线肇东车站拉回一台破旧的ㄇㄎ1型304号机车，奋战了27个昼夜，终于让这台年久失修、早已停用的机车重返线路，同时他们还修复了一台ㄇㄎ3型1083号破损机车。10月30日，经东北铁路总局批准，将这两台蒸汽机车正式命名为“毛泽东号”和“朱德号”。

1947 年 5 月，“朱德号”机车更换为 1942 年日本制造的 MA1 型 1191 号蒸汽机车，1977 年 11 月退役，现存放在铁道部科技馆。从 1946 年到 2010 年，“毛泽东号”经过机车动力的四次换型，已配备和谐 3B1893 号大功率交流传动电力机车，“毛泽东号”已安全走行 889 万千米，相当于绕地球 222.25 圈。

“毛泽东号”蒸汽机车和“朱德号”蒸汽机车在解放战争、抗美援朝和社会主义建设中屡建功勋，成为全国闻名的先进典型，是新中国铁路两面鲜艳的旗帜。■

“朱德号”蒸汽机车

解放区自建的第一条铁路——邯涉窄轨铁路（1948）

解放战争时期，华北解放区军民为了阻止国民党军队向解放区进攻，曾发动铁路破袭战，破坏铁路交通运输线。随着解放战争的推进，国民党军队节节败退，人民解放军节节胜利，战争推向国民党统治区，并向国统区纵深发展。

铁路运输对人民解放军的胜利进军越来越重要。国民党军队不断败退，非但不再致力于恢复交通，反而使劲地破坏交通。新的战争形势中，交通战变成了国民党军队毁路、破坏交通，共产党人保路、恢复交通。

1947 年 1 月，晋冀鲁豫解放区利用抗战胜利后拆除的铁路轨料以及磁县铁矿机车车辆，决定修建一条从邯郸至涉县的窄轨铁路，全长 100 多千米。这条铁路分两段修建：先由徘徊向西修到涉县，然后再由徘徊向东修到邯郸。1948 年 10 月，徘徊涉县段铁路完工通车，长 59 km，这是解放了的中国人民自己为自己修筑的第一条铁路。该铁路通车正赶上解放战争进入战略决战阶段，立即投入军运和民运，有力地支援了解放战争。

1947 年 7 月，人民解放军进入战略反攻，解放战争朝着更加有利于人民解放军的方向发展。11 月，石家庄解放。平汉、正太、德石三条铁路在石家庄交会，石家庄成为三条铁路的枢纽。1948 年 6 月，陇海线重镇、当时河南省的省会开封解放。9 月山东省省会济南解放，华北形势更加明朗。5 月份成立的华北联合行政委员会也于 8 月改为华北人民政府，统一领导华北、华东、西北三地的经济、财政、贸易金融、交通和军事工业，以便支援前线。华北人民政府下设交通部，武竞天任部长。交通部积极组织平汉、正太、德石铁路的恢复工作，修理机车和客货车辆，努力恢复客货运输。■

“铁牛号”机车组（1949）

1949 年绥化机务段“铁牛号”机车组

1947 年 7 月，绥化机务段的检修工人，经过艰辛的努力，终于把一台早已经报废的机车——96 号修复，但由于机车上大部分零件老化，机车质量很差。在当时已经实行机车包乘制的情况下，谁也不愿意包乘这台运行状况不好的机车。司机杜先扬知道后，主动提出包乘 96 号机车。段里分配到这台机车的其他 8 名乘务员，有的也不安心。于是杜先扬就耐心地说服大家，安心工作，为了支援解放战争要主动挑重担。接着，他又同大家一起制定了 11 项保养机车的制度和措施。他们还利用休班时间搜集了很多零件，发现机车有毛病就自己动手修。当时前方打仗导致后方的物资奇缺，就连擦车的棉纱也没有，他们就割草用水泡软了代替棉纱，天天把机车擦得锃亮。在全车同志的共同努力下，其机车质量与其他好车相比，有过之而无不及。到 1949 年 2 月 14 日，96 号机车自修复运行以来的 18 个月里，安全走行了 10.6 万千米。按当时的规定，机车每走行 3.5 万千米就要进行甲检一次，96 号机车已达到了 3 个甲检期。而按东北行政委员会铁道部的新规定——5 万千米进行一次甲检，也突破了第 2 个甲检期，从而节约检修费 1 亿多元（东北币）。由于没进行甲检，机车不仅多走行了公里，而且更为国家增收 9 000 多万元。1949 年 2 月 15 日，哈尔滨铁路局为表彰 96 号机车所做出的贡献，在绥化机务段召开大会，由庄林局长正式命名 96 号机车为“铁牛号”。■

中国铁路第一批女司机

新中国建立初期，沈阳铁路局大连机务段田桂英等 9 名女职工，打破传统观念，在组织的鼓励支持下，在苏联技师的指导下，经过数月的投炭、给油等技术训练和有关理论、规章的学习，便能单独操纵机车。此后，她们组成了新中国铁路首个蒸汽机车女子包乘组，田桂英任司机长，为新中国广大妇女树立了榜样。1950 年 3 月 8 日该机车组被命名为“三八”号机车组，后又被命名为“妇女前进的火车头”，不久又作为全国劳动模范受到毛泽东主席的接见。■

田桂英“三八机车组”被命名为“妇女前进的火车头”

“杨连第”桥（1949，1956）

杨连第是中国人民志愿军一级战斗英雄。解放战争中，杨连第所在部队接受了“修通陇海路，解放大西北”的任务。在抢修洛阳至潼关间的陇海铁路桥梁时，位于观音堂至峡石驿峡谷中的“8号桥”已被炸毁，仅剩5个被炸的高低不平的45 m高的桥墩，必须登上墩顶削高补低，才能架设钢梁并铺轨。为解决这一问题，杨连第提出利用突出桥面的铁夹板搭单面脚手架的建议，他带领18位勇士，机智勇敢地攀上桥墩，整平墩面，并不顾个人安危，连续3天突击爆破100多次，终将桥梁修复，因表现出色，荣获“登高英雄”称号。1956年，中华人民共和国铁道部将“8号桥”命名为“杨连第大桥”。

“杨连第”桥

登高英雄杨连第塑像

铁路路徽的来历（1950）

路徽是铁路的标记，各国铁路都有自己的路徽。1950 年 1 月，我国中央人民政府铁道部公布了中国人民铁道路徽图案式样。中国铁路路徽整体看去犹如一台迎面奔驰而来的蒸汽机车。那么，路徽代表什么意义呢？简单说来，整个路徽的图案代表机车的正面，外圈是人字的象形，代表人民，I 是钢轨的横断面，代表铁道。整个意义，表示人民铁道。

关于路徽的制法和用途，都有统一的规定。例如：胸章略呈球面形，外径为 23 mm，红底白色路徽，边线和嵌线都镀金色；帽徽是红五星中间嵌白色路徽，五角星的外接圆直径为 39 mm，

铁路路徽

略呈球面形，边线及嵌线也镀金色。

谈到路徽的来历，要从 1949 年 5 月谈起。当时的军委铁道部曾向社会各界广泛征集路徽式样，应征的人很多，共收到图案 3 200 多种。为了郑重选择，在 1949 年 6 月 4 日至 7 日，将全部应征作品加以编号，在铁道部举行展览会，征求职工意见，当时中共中央宣传部和北平市文委的领导同志，以及闻名的美术家都曾参观过。铁道部还专门成立了路徽图式审查委员会，经过反复审查后，呈请中央人民政府政务院和财经委员会批准，才确定了现在所选定的式样。中选第一名陈玉昶同志设计的图案，经铁道部采用，得到酬谢小米 800 斤。■

蒸汽机车爱好者的“圣地”——经棚—嘎拉德斯汰

世界上最好的蒸汽机车摄影圣地

从铁路诞生到如今的100余年里，蒸汽机车逐步为更加先进的内燃机车和电力机车所取代，然而，蒸汽机车这一充满机械之美的庞然大物，在退出历史舞台之后依旧魅力无穷。它那深厚的历史、雄浑的气势乃至独有的光影美感，吸引了越来越多关注的目光，成为摄影爱好者新的创作舞台。

1995年，内蒙古集宁至通辽的集通铁路开通运营，从全国各地收购来 120 多台蒸汽机车，经过整修之后，这批本应退役的蒸汽机车又重新发挥余热，在这条铁路线上运行了 10 年。这也让集通铁路成为当时世界上唯一一条使用蒸汽机车做牵引动力的铁路。虽然在 2005 年，集通线的蒸汽机车也彻底退出历史舞台，但是全世界热爱蒸汽机车的爱好者们却更加热情，也让这片内蒙古草原成为蒸汽机车爱好者的圣地。

自 1997 年以来，国外的蒸汽机车爱好者发现了克什克腾旗首府经棚镇附近是拍摄蒸汽机车最好的地方。由于地处内蒙古高原、大兴安岭山脉和燕山山脉的结合部，复杂的构造运动造就了这一带丰富多彩的地形地貌，沿途景观精彩纷呈。特别是经棚—嘎拉德斯

爬坡的蒸汽机车喷出遮天蔽日的蒸汽，景象蔚为壮观

真是世界上最好的蒸汽机车摄影圣地

汰（蒙语“热水”的意思）路段，集通铁路翻越大兴安岭的余脉大坝梁。由于山势雄伟，集通铁路在这里采取了盘旋展线的方式翻越大山。从热水到经棚，在直线距离只有 30 km 不到的两站之间，铁路要在山间拐过 11 个大弯，穿过 7 个隧道以及 6 座高架桥，线路里程也延展到了 50 多千米。即便如此，铁路的坡度在这里也比别处要大出 1 倍。平时 1 台机车能完成的工作在这里必须由 2 台或者 3 台机车“协同作战”才能完成。当年，每每牵引又长又重的货物列车翻越山岭时，2 台连挂在一起（术语称为重联）爬坡的蒸汽机车都会喷出遮天蔽日的蒸汽，景象蔚为壮观。再加上优美的自然风光和盘旋延展的铁路线，这里被国际蒸汽机车协会理事史提夫曾赞誉为“世界上最好的蒸汽机车摄影圣地”。■